세계를 품다
2021

GLOBAL LEADERS

# 세계를
# 품다
# 2021

글로벌 리더 선정자 15인 지음

매일경제신문사

매경미디어그룹 회장
**장대환**

먼저 '2021 대한민국 글로벌 리더' 수상자로 선정되신 대표자 여러분께 진심으로 축하의 말씀 드립니다.

매경미디어는 자유 시장 경제의 주춧돌로서 그 역할을 다하고 있는 최고 명품 미디어 그룹입니다. 저희는 훌륭한 기업들을 발굴하고, 일으켜 세우고, 키워서, 대한민국이 더욱 부강해지도록 하는 것을 사명으로 하고 있습니다. 이러한 노력의 일환으로 매년 '대한민국 글로벌 리더'를 선정하고 있습니다. 이를 통해 대한민국 경제 발전을 위해 기여하고 계신 우리나라 최고의 리더들을 세상에 알리고 그분들의 살아 있는 경영 스토리를 널리 전파하려 합니다.

2021년 신축년辛丑年은 복이 많다는 뜻을 가진 흰 소의 해입니다. 하지만 이런 의미와 반대로 전 세계가 2020년부터 시작된 코로나19 위기로 어려움을 겪고 있습니다. 〈매일경제신문〉이 2021년 슬로건으로 제시한 '리빌드Rebuild 코리아'는 이런 어려움을 딛고 대한민국 경제가 다시 일어나야 한다는 의미를 담고 있습니다. 복의 상징인 흰 소의 해인 만큼 올해는 우리 사회가 코로나19를 이겨내고 다시 이전과 같은 일상으로 돌아가길 기원하는 바입니다.

'2021 대한민국 글로벌 리더'로 선정된 여러분은 대한민국 경제를 뛰어넘어 세계 경제를 책임질 기업 및 단체의 경영자입니다. 여러분의 업적을 널리 알릴 수 있다는 것에 큰 자부심을 느낍니다.

여러분은 힘들었던 지난 한 해를 혁신적이고 창조적인 방법으로 꿋꿋이 이겨냈습니다. 또 조직을 계속 성장, 발전시켜 글로벌 리더의 자격을 갖추셨습니다. 여러분은 남들보다 한발 앞서 미래를 내다보는 혜안과 냉철한 판단력으로 새로운 시장을 만들고 끊임없이 일자리를 창출하고 있습니다. 이 같은 리더가 늘어나야만 지금 대한민국 경제가 처한 위기를 헤쳐 나갈 수 있습니다.

글로벌 리더 여러분께서는 앞으로도 창조적인 마인드와 미래를 꿰뚫는 통찰력으로 우리 기업을 세계 속에 우뚝 세워주시길 당부드립니다. 대한민국을 지금보다 더 나은 국가, 국민이 행복한 국가로 만드는 데 앞장서주시길 바랍니다.

다시 한번 '2021 대한민국 글로벌 리더'로 선정되신 여러분께 축하의 말씀 드립니다.

# CONTENTS

# GLOBAL LEADERS

께리어에어컨
Autech Group

Los Angeles

Seoul

회장
강성희

## 캐리어에어컨

**학력**

1981 한양대학교 문과대학
1982 고려대학교 경영대학원

**경력**

2008~2012 사단법인 한국자동차제작자협회 회장
2011~2020 한국냉동공조산업협회 부회장
2013~2018 사단법인 표준인증안전학회 부회장
2015~현재 대한장애인보치아연맹 회장
2018~현재 월드 보치아 World Boccia 이사
2019~현재 사단법인 표준인증안전학회 특별자문
2020~현재 중견기업연합회 부회장
한국냉동공조산업협회 회장
오텍그룹(오텍, 오텍캐리어, 오텍캐리어냉장, 오텍오티스파킹시스템) 회장

**상훈**

2005 신기술 실용화 부문 대통령상
2008 은탑산업훈장
2010 기술 혁신 부문 자랑스런 한국인 대상
2013 산업통상자원부장관 표창장
2016 대한민국 녹색경영대상 종합대상 대통령 표창
2017 제11회 EY한영 산업 부문 최우수기업가상
2019 제22회 에너지 위너상 녹색기기 부문(산업통상자원부/소비자시민모임) 11년 연속 수상
체육훈장 기린장
2021 2021 대한민국 글로벌리더 선정(매경미디어그룹) 9년 연속 수상

## 강성희 회장, 미래 가치 창조하는 혁신 통해
## 글로벌 기업 도약 선포

2020년, 오텍그룹은 창조경영 20주년을 맞이했다. 캐리어에어컨 강성희 회장은 지난 20년간 강조해온 창조경영을 통해 초연결성과 초지능화, 융합화로 대표되는 4차 산업혁명 시대에 미래를 창조하는 혁신 글로벌 기업으로 도약을 시작한 의미 있는 한 해를 보냈다.

강성희 회장은 2020년 5월 '창조경영 20주년 미래비전 선포식'에서 글로벌 기업 도약 실행 방향으로 디지털 경영, 글로벌 경영, 신新유통, 에너지 솔루션을 꼽았다. 이를 통해 신속하게 미래 가치를 창조하고 기업의 역사와 가치를 강화해 나가겠다고 강조했다. 또 빅데이터, 인공지능 등 디지털 기술을 활용해 그룹 전체의 경영 시스템을 혁신하고 새로운 비즈니스 모델로 향후 기업의 가치를 높여갈 것이라고 말했다. 더불어 최근 디지털 플랫폼에서 모든 구매가 결정되는 지금, AI 기반의 솔루션 서비스로 신新유통 강자로 성장할 것을 강하게 표명했다.

캐리어에어컨은 2021년 1월에서 4월까지 온라인 누계 매출이 전년 대비 61% 증가했으며 4월 매출은 전년 대비 21%의 성장을 이뤘다. 특히 '캐리어 천장형 시스템에어컨'은 아파트 및 주거용 오피스텔 대상으로 좋은 반응을 얻으며, 획기적인 수주 성과를 거두고 있다.

강성희 회장은 이러한 기업의 성장세를 바탕으로 2025년까지 글로벌 도약의 해로 설정하고 가치경영을 통해 캐리어에어컨이 창조해 나갈 미래를 그렸다.

강성희 회장은 혹독한 시련을 극복하고, 세상에 없던 모두가 원하는 새로운 솔루션을 만드는 '창조경영'의 가치를 강조하며, '변하지 않으면 생존할 수 없다'라는 혁신 경영 신조를 바탕으로 기업을 이끌어왔다.

이러한 기업 철학으로 IMF 이후, 기업 운영 환경이 어렵던 시기에도 창업 2년 만에 코스닥에 상장하는 놀라운 저력을 보였다. 또한 2011년 캐리어에어컨을 가족으로 맞이한 이후 매출액 1조 2,000억 원을 달성하고 1,200명의 임직원, 3만여 명의 협력업체가 함께하는 기업으로 지속적인 성장을 이끌어왔다.

강성희 회장만의 기업 철학과 경영 방침이 이러한 기업의 고도성장을 뒷받침했다. 강성희 회장은 이른바 '30·30·30' 기업 운영 전략을 강조해왔다. 이 전략은 매년 30% 신상품 개발 출시, 매년 30% 조직·시스템·서비스 등 전 분야의 구조 개혁(리스

공기과학연구원 조감도.

트럭처링), 전년 대비 30% 기업의 성장을 추구한다. 이런 구체적인 목표는 임직원들과 함께 기업을 지속해서 성장 가능한 회사로 유지하게 하는 원동력이 됐다.

또 강성희 회장은 장기적인 관점으로 생각하고, 선택하고, 성장하는 것에 집중하며 미래 가치를 창조하는 데 집중하고 있다.

일례로 캐리어에어컨은 에어솔루션Air-Solution 기술을 제시하며 보다 많은 이가 청정한 실내 환경을 누릴 수 있도록 돕고 있다. 특히 미세 먼지와 코로나바이러스감염증-19(코로나19) 문제가 심각해지자 강성희 회장은 2020년 기술연구소 산하의 공기과학연구소 내에 '바이러스케어연구소'를 신설했다.

캐리어에어컨, 기술연구소 산하의 공기과학연구소 '바이러스 케어 연구소' 명판.

　캐리어에어컨의 강성희 회장은 발 빠르게 '바이러스케어연구소'를 설립해 코로나19를 비롯한 잠재적인 신종 바이러스의 전파 경로 차단 및 살균 관리를 위한 솔루션 연구를 진행하고 있다. 더불어 높아지는 미세 먼지·초미세 먼지 농도로 인해 우려되는 대기 환경 속에서도 전 인류가 쾌적한 실내 생활을 영위할 수 있도록 하는 연구에 집중하고 있다.

　또한 강성희 회장은 미래를 위한 투자에 과감했다. 세상에 없던 새로운 가치를 창조하기 위해 지금까지 총 1,500억 원 이상을 연구 개발에 과감하게 투자해 혁신의 속도를 높여왔다.

　이와 함께 강성희 회장은 기술적인 면에서부터 대한민국을 넘어 글로벌 시장까지 빠르게 위상을 높여왔다. 가정용에서 상업용, 산업용까지 공조 부문의 전 제품 라인업을 구축해냈다.

특히 캐리어에어컨은 여름 가전으로 인식되어왔던 에어컨에 냉방 기능 외에도 난방, 공기청정, 제습, 인체 감지 센서 등 다양한 기능을 적용했다. 이로써 에어컨을 사계절 내내 쾌적하고 안전한 실내 공기 관리가 가능한 전문 가전제품으로 기능을 확장해 나가고 있다.

캐리어에어컨은 고품질의 인공지능 기술도 선보이고 있다. 자사 공조기기 제품에 'AI 쾌적제어PMV' 기능을 적용해 제품 스스로 실내 환경을 감지하고 사용자의 설정에 따라 최적의 실내 환경을 제공할 수 있는 'AI 쾌적제어', 인체 감지 센서를 이용한 '무활동 감지'를 비롯해 '환기 알람' 등 다양한 기능을 탑재했다.

이에 캐리어에어컨은 2020년 국내 최초로 고도화된 인공지능 시스템 품질을 인정받아 한국표준협회에서 주관하는 인공지능 품질 증명 제도인 'AI+(에이아이플러스)' 인증을 획득하기도 했다.

캐리어에어컨의 강성희 회장은 신제품 출시에도 박차를 가하고 있다. 각 계열사의 핵심 기술이 모이는 허브Hub인 오텍그룹 R&D센터를 중심으로 혁신 기술 및 제품 개발의 속도를 높이며 다양한 전문 가전을 출시하고 있다. 그 결과 캐리어에어컨은

21년형 All New 에어로 18단 에어컨.

2016년 세계 최초 18단으로 바람 세기를 조절할 수 있는 에어컨을 선보이면서 혁신 기술 및 제품 개발에 박차를 가하고 있다.

특히 2021년에 출시된 All New '에어로 18단 에어컨'은 항바이러스 테크놀로지가 적용돼 모든 공기 흐름 단계에서 바이러스 저감, 살균 및 제균이 가능한 '트리플(3·3·3) 에어케어' 기능을 탑재했다. 이에 이 제품은 시원함은 물론 실내 공기 관리 기능까지 더해 한 차원 높은 제품으로 진화했다.

캐리어에어컨의 All New '에어로 18단 에어컨'의 '트리플(3·3·3) 에어케어'는 공기청정 관리, 바이러스 관리, 실내 공기

환경을 관리하는 3단계로 구성되어 있다.

우선 All New '에어로 18단 에어컨'은 공기청정 단계에서 흡입 공기에 대해 ifD 전자헤파필터를 적용해 미세 먼지를 제거할 뿐 아니라 부유 바이러스를 저감시킨다. 두 번째 바이러스 케어 단계에서는 바이러스 살균이 가능한 UV-LED 듀얼 살균 기능을 탑재해 국내에서 유일하게 제품 내부에 공기가 지나가는 '열교환기'와 '팬' 두 곳을 동시에 살균한다.

마지막으로 제품의 공기 토출부에 나노이nanoe™ 제균 기능을 적용해 초강력 제균 및 탈취와 알레르기 억제 기능을 한층 강화했다. '나노이 제균' 기술은 물 분자를 10억 분의 1 크기인 나노이 입자로 공기 중에 분사하고, 이 나노이 입자가 각종 세균과 바이러스에 침투해 비활성화시킴으로써 집 안 공기 중의 유해 물질과 바이러스를 억제하는 기술이다. 이 기능으로 대장균, 폐렴균, 황색 포도상구균, 녹농균 등 4대 유해균을 억제해준다.

이 제품은 공기 흡인부, 제품 내부, 공기 토출부와 같이 모든 공기 흐름 단계에서 바이러스 저감, 살균 및 제균 기능을 적용한다. 게다가 사계절 최상의 실내 공기를 제공하면서도 18단계의 바람 세기와 30가지(냉방 기준) 바람 조합으로 개인 맞춤형 냉방이 가능하다.

더불어 캐리어에어컨은 2020년 중앙안전대책본부가 내놓은 공조기기 내 '헤파필터'를 사용하라는 지침보다 방역 수위를 한층 높여 '헤파필터'를 사용함은 물론이고 '헤파필터' 내부 오염을 억제하기 위해 '구리 소재'를 필터 지지체에 함유하는 특수 설계를 적용한 '구리 소재 함유 헤파필터'를 장착했다.

'구리 소재 함유 헤파필터'의 항바이러스 성능 원리는 필터 내부의 세균과 바이러스가 '구리 입자'를 영양소로 오인해 흡수하고 수분과 영양소를 잃게 되는 것이다. 이후 표면에 공기 중의 활성 산소가 유인되어 세균과 바이러스 대사 작용을 방해해 결국 활성이 억제된다. 이번 신제품에 적용된 '구리 소재 함유 헤파필터'의 항바이러스 성능은 KTR(한국융합화학시험연구원)에서 실시한 검증 시험을 통해 확인된 바 있다.

이뿐만 아니라 캐리어에어컨은 새로운 삶의 질을 선사하는 가정용 시스템에어컨 'MINI SMMS7'을 출시하며 가정용 시스템에어컨 시장을 확장했다.

'MINI SMMS7'은 Magic7(매직세븐)으로 대변되는 세계 최초 분리형 인버터 에어컨을 출시한 '도시바 캐리어'의 기술력, 콤팩트한 디자인의 실외기로 설치 면적 최소화, 인버터 제어로 정밀한 온도 조절, 에너지 효율 1등급 달성, 영상 50도에서도 안정적

가정용 시스템에어컨 'MINI SMMS7'의 2.5~4마력 실외기, 5~6마력 실외기, 실내기.

운전 실현, 장배관 설계로 총 배관 길이 90m, 12종의 다양한 실내기 조합이 가능해 설치 비용 절감이라는 마법 같은 7가지 특징으로 가정용에 특화된 시스템에어컨이다.

우선 캐리어에어컨이 이번에 선보인 'MINI SMMS7'은 지금까지 다양한 상업용 시장에서 구축된 '도시바 캐리어'사의 SMMS 시스템에어컨을 가정용으로 확대한 제품이다.

캐리어에어컨은 전 세계 180개국 네트워크를 보유한 세계 최내 규모의 냉동공조기기 전문회사인 글로벌 '캐리어', '도시바 캐리어'와 자본 및 기술 합작을 통해 친환경 고효율 제품을 생산, 제공하고 있다.

이 제품은 'MINI SMMS7'의 실외기가 타사 대비 콤팩트한 사이즈로 전 기종 최소의 설치 면적을 제공한다. 게다가 2.5마력에서 4마력 실외기는 최대 5대, 5마력과 6마력 실외기는 최대 6대까지의 실내기 조합이 가능하다.

특히 'MINI SMMS7'에는 '고효율 DC 트윈 로터리 압축기'를 적용했다. 이는 도시바가 세계 최초로 개발한 기술로 서로 반대 방향으로 회전하는 롤러 2개를 적용, 진동과 에너지 소비를 최소화해 에너지 절감을 실현했다. 이에 2.5마력, 3마력, 4마력, 5마력, 6마력까지 총 5종의 실외기 모두 에너지 소비효율 1등급을 달성했다.

'MINI SMMS7'은 단배관 시스템으로 실내기와 실외기 간의 장거리 배관 설계가 가능하다. 이에 2.5마력 실외기 기준 총배관 길이가 90m로 최대 60m까지 떨어져 있는 실내기에도 연결할 수 있다. 'MINI SMMS7의 또 다른 특징은 12종의 다양한 실내기를 연결할 수 있어 설치 현장 조건에 따라 다양하게 활용할 수 있다는 것이다. 이외에도 'MINI SMMS7'의 1방향 카세트 실내기는 스틸Steel 재질의 외관이 적용되어 변형이 없고 외부 충격에 강하다. 실내기 본체 높이는 국내 최소인 130mm로 협소한 천장 높이에도 설치가 가능하다.

특히 캐리어에어컨은 오랜 시간 에어컨을 연구하면서 축적한 냉난방 공조 기술과 전문적인 공기 관리 기술 노하우, 고품질의 인공지능 기술을 접목해 에어컨, 공기청정기, 의류건조기 등 에어케어Air Care 전문 가전 출시를 하고 있다. 이로써 공기에 차별화된 전문성을 가진 에어솔루션 전문 기업은 물론 헬스 케어Health Care 전문 가전 기업으로 변화하며 사업 영역을 확장해 나가고 있다.

## 개방·협력·상생으로 4차 산업 융·복합 시대 관통하는 사업 확대

캐리어에어컨의 강성희 회장은 신성장 동력 사업인 IBSIntelligent Building Solution로 사업을 확장했다. IBS는 냉난방·공조·엘리베이터·보안·조명 등 빌딩 내 모든 설비를 건물 구조에 맞게 설계해 최대한 낮은 전력으로 높은 효율을 이끌어내 전력 통합 관리를 가능하게 하는 스마트 빌딩 솔루션이다.

이처럼 사업을 확상할 수 있었던 이유는 캐리어에어컨이 개방과 협력, 상생의 경영 방침에 따라 세계적인 글로벌 공조 시스템 기업인 글로벌 캐리어와 기술 공유를 통해 '어드반택AdvanTEC' 알고리즘을 도입했기 때문이다.

우리나라에서는 국내 초고층 랜드마크로 자리 잡은 서울 여의도 'IFC서울' 빌딩에 처음 적용해 획기적인 에너지 절감 효과를

캐리어에어컨의 공조 시스템을 설치한 서울 최대 규모의 백화점 '더현대 서울'.

창출한 바 있으며, IFC빌딩 성공 사례를 바탕으로 최근 서울 최대 규모의 백화점인 '더현대 서울'에 공조 시스템을 설치하는 등 국내 유수의 호텔 및 기업체를 대상으로 비즈니스를 확대해 나가고 있다.

또한 국내 대형 엔지니어링 회사 및 건설사와 협력해 해외 현지 공장에 냉동기 등 IBS 제품을 공급하고 설치하는 형태로 중국·중동 등 해외 시장을 개척하고 있다.

특히 모든 산업이 융복합되는 시대를 맞아 모회사인 ㈜오텍을 비롯해 캐리어에어컨, 캐리어냉장, 오텍오티스파킹시스템 등 오텍그룹의 그룹사 간 핵심 기술 및 우수 인력의 교류를 강화하고 AI, IoT 등으로 대표되는 차세대 신기술을 전 제품 라인업에 적용해 시너지를 확대하고 있다.

캐리어에어컨 강성희 회장은 이러한 모든 기술 혁신과 제품 라인업 확대와 더불어 최근 온라인 신유통 사업 확장에도 집중하고 있다.

최근 온라인과 오프라인 간의 경계가 사라지고 하나가 되는 '온라이프Onlife' 시대가 도래함에 따라 온라인 유통의 급격한 성장에 맞춰 자사몰 구축 및 온라인 홍보 마케팅 활동을 통해 고객과의 접점을 늘려가고 있다.

더불어 새로운 비즈니스 모델을 창출할 수 있는 다양한 패러다임으로의 전환을 추구하고, 디자인 혁신 및 차세대 신기술 개발에 집중해 기업 경쟁력을 강화하고 있다.

또한 캐리어에어컨 강성희 회장은 2019년 국내 에어컨 제조사 BIG 3 중 최초로 자체 렌탈 서비스 사업을 시작했다. 캐리어에어컨은 인버터 에어컨과 냉난방기, 공기청정기, 의류건조기 등 전문 가전으로 렌탈 제품 라인업을 늘려 비즈니스의 영역을 확대해 나가고 있다.

캐리어에어컨 렌탈 서비스는 현재 약 5만 개에 달하는 계정을 확보했고, 앞으로 10만 개까지 늘려갈 예정이다.

## '글로벌 일류 모범 기업' 푯대 향한 '위기를 이기는 '함께'하는 힘'

강성희 회장은 '글로벌 일류 모범 기업'이 가져야 할 덕목으로 맹목적인 성장보다는 전 인류가 함께 상생하고, 소외된 이웃에게는 따뜻한 희망을 주는 기업 활동에 중점을 두고 있다.

이에 강성희 회장은 2020년 3월, 사회복지공동모금회를 통해서 대구·경북의 의료진과 환자를 위해 음압병동, 응급실 308곳에 1억 5,000만 원 상당의 '캐리어 클라윈드 공기청정기'를 후원했다. 이 지역의 캐리어에어컨 전문점에는 한 달간 대금 결제 유예를 확정하는 등 도움의 손길도 내밀었다. 특히 이동이 자유롭지 못한 장애인과 캐리어에어컨 전문점 직원들을 위해 마스크 9,000장을 긴급 지원하기도 했다.

또한 캐리어에어컨은 상생 경영의 일환으로 '위기를 이기는 '함께'하는 힘'이라는 기치(슬로건) 아래 코로나19로 개최가 어려워진 한국 여자프로골프대회를 오텍그룹이 후원하면서 2020년 10월 주최하는 '2020 오텍캐리어 챔피언십 with 세종필드골프클럽' 여자골프대회를 개최하기도 했다.

캐리어에어컨은 이 대회에서 코로나19를 함께 극복하고자 하

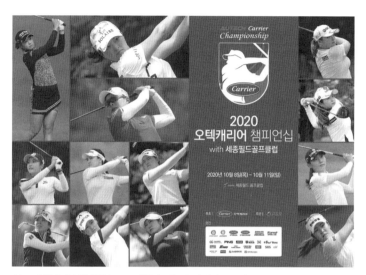

2020 오텍캐리어 챔피언십 with 세종필드골프클럽 대회 포스터.

는 염원을 담아 대회를 창설한 만큼, 오텍그룹의 오랜 사회공헌 철학을 담은 다양한 이벤트를 진행했다.

한편 모회사 ㈜오텍은 장애인의 이동 편의 증진을 위한 특수 목적 차량을 생산하는 만큼 오랜 시간 장애인에 관심을 두고 후원해오고 있다.

2018년에는 평창동계올림픽 및 패럴림픽 조직위원회와 '교통 약자의 안전하고 편리한 수송을 위한 MOU'를 체결하고, 대회 유치부터 폐막까지 장애인 등 교통 약자의 수송 역할을 자처하며 국제 행사의 성공적인 진행을 도왔다.

개막 전 열린 성화 봉송 기간 총 108일 동안 300여 명의 성화 봉송 주자에게 이동 편의를 지원했으며, 대회 기간 중 300여 명의 운전원에게 차량 점검 및 교육을 지원하는 등 안전 수송을 위한 다양한 서비스를 제공했다.

그 결과 강성희 회장은 2019년 9월, '2018년 평창동계올림픽 및 패럴림픽' 성공 개최의 공로를 인정받아 유공자 포상에서 대통령 훈장인 기린장을 수상하기도 했다.

강성희 회장은 뇌성마비 장애인을 위해 고안된 특수 구기 종목인 '보치아'와 보치아 국가대표팀도 2009년부터 10여 년 이상 후원하고 있다. '2012 런던 장애인올림픽', '2016 리우 패럴림픽' 개최 당시 보치아 국가대표 선수단을 지원해 올림픽 8연패를 달성하는 데 일조했다.

강성희 회장은 보치아 발전에 기여한 공로를 인정받아 2015년부터 제4대, 5대에 걸쳐 2021년 제6대 이르기까지 3회 연속 대한장애인보치아연맹 회장을 역임하고 있다. 장애인과 비장애인이 함께 참여할 수 있는 국내 대회를 다수 개최한 바 있으며, 국내 선수들에게 다양한 기회를 제공하기 위해 국제 대회 유치에도 힘쓰고 있다.

2015년 서울에서 열린 '2015 보치아 서울국제오픈'이 대표적

제6대 대한장애인보치아연맹 강성희 회장 취임식.

으로, 이 대회는 아시아에서 열린 최초의 보치아 세계 대회다. 강 회장은 전국 17개 시도에서 장애인과 비장애인 320여 명이 참가한 '전국보치아어울림대회'를 개최하는 등 보치아의 저변 확대 및 생활 체육화를 도모하는 다양한 노력을 기울이고 있다. 2019년 7월에는 서울에서 열린 '2019 서울 보치아 아시아-오세 아니아 선수권 대회'를 개최한 바 있다.

강성희 회장은 캐리어에어컨이 글로벌 기업으로 도약하고 있 는 만큼 사회공헌 활동의 규모와 분야도 점차 키워 나간다는 계 획이다.

대표이사
김경숙

## 코아스템

### 학력
| | |
|---|---|
| 1984.03~1990.02 | 한양대학교 의과대학 의학과 의학사 |
| 1994.09~1996.08 | 한양대학교 의학대학 의학과 의학석사 |
| 1999.09~2002.08 | 한양대학교 의학대학 의학과 의학박사 |

### 경력
| | |
|---|---|
| 1996.05~2000.07 | 양평길병원 진단검사의학과 임상병리과 과장 |
| 1996.12~1997.09 | 가톨릭의과대학 산부인과학교실 Research Fellow |
| 1997.10~1998.07 | New York Medical College Microbiol & Immuno 연수 |
| 2000.02~2003.11 | 의료법인 메이저병원 진단검사의학과장 |
| 2004.01~2004.12 | 한양대학교 정신건강연구소 연구조교수 |
| 2005.01~2006.12 | 한양대학교 의생명과학연구원 연구부교수 |
| 2011.08~2015 | 충청북도의회 의원상해 등 보상심의회의원 |
| 2015~현재 | 한국유전자세포치료학회 산학연협력분과위원 |
| 2015.05~2017.05 | 식품의약품 등의 안전기술정책심의위원회 위원 |
| 2018.07~2021.06 | 한양대학교 류마티스관절염 임상연구센터 연구교수 |
| 2018.08~2022.07 | 중앙약사심의위원회 위원 |
| 2019.05~2022.04 | 산업표준심의회 생명공학 기술심의회 위원 |
| 2003.12~현재 | 코아스템㈜ 대표이사 |

### 상훈
| | |
|---|---|
| 2004 | 충북여성창업경진대회 장려상 |
| 2014 | 보건의료기술진흥 유공자 보건복지부장관 표창 |
| 2015 | 산업기술진흥 공로 국무총리 표창 |
| 2016 | 바이오의약품 산업 경쟁력 강화 식품의약품안전처장 표창 |

## 난치성 질환의 새로운 치료 방안을 제시하는 기업

2003년 난치성 질환의 새로운 치료 방안을 제시하는 기업이라는 큰 미션을 가지고 창립된 코아스템은 줄기세포 기반 신경계, 내분비계 등 난치성 질환에 집중한 제품군을 갖추고 전문 의약품을 생산·판매하고 있다.

회사 출범과 동시에 줄기세포와 관련한 신약 R&D를 통한 기업 혁신을 추구하며 R&D 개발 기술을 확충할 뿐 아니라 국내외의 특허 출원으로 줄기세포 기술의 독창성과 기술 개발력을 인정받고 있다.

코아스템은 '세상에 없던 기술로 선구적 연구를 하며, 우리의 기술이 국경·인종·소득의 한계를 뛰어넘어 전 세계의 난치성 질환으로 고통받는 환우들의 희망이 되는 바이오 회사'를 비전으로 삼고 꾸준히 그리고 지속적으로 발전하고 있는 바이오 회사다. 끊임없는 연구 개발의 노력을 통해 전 세계에서 5번째로 줄기세포 치료제의 상용화에 성공해 2015년 6월 코스닥에 상장되었으며, 바이오 회사의 가능성과 기술력을 인정받았다.

코아스템은 신경계 질환과 자가면역 질환 분야에 특화되어 있으며 뚜렷한 병의 원인이 밝혀지지 않은 난치성 질환 환자들에

아이앤씨테크놀로지.

게 도움이 될 수 있는 줄기세포 연구에 몰두하고 있다. 근위축성

측사경화증ALS(이하 루게릭병)을 치료하기 위한 뉴로나타-알주

는 2020년 미국 식품의약국FDA과 국내 식품의약품안전처MFDS

로부터 동시에 임상 3상을 승인을 받아 국내 줄기세포 치료제의 기술력을 국제 사회에 알릴 수 있는 계기가 되었으며, 그동안 쌓아온 줄기세포 연구 및 제조 기술을 기반으로 루게릭병 외에 루프스, 다계통위축증 등을 연구하고 있다.

## 루게릭병 치료제 '뉴로나타-알®'

'루게릭병'으로 알려져 있는 ALS는 중추신경계 운동신경원세포가 밝혀지지 않은 원인으로 사멸하며 점차 사지 마비와 호흡근 마비를 일으키는 난치성 희귀 질환이다.

'뉴로나타-알'은 난치성 희귀 질환인 루게릭병의 증상 완화 효능으로 2014년 7월 식약처로부터 희귀 의약품 조건부 품목 허가 승인을 받은 코아스템의 대표 줄기세포 치료제로서 2015년 1월부터 시판되어, 오늘날까지 300명(외국인 환자 포함) 이상 환자에게 투여가 되었다.

누적된 투여 환자 수는 제품의 우수성을 나타내는 또 다른 지표이며, 향후 해외 진출과 더불어 투여 환자 수는 더욱더 증가할 것으로 예상하고 있다.

'뉴로나타-알'은 자가골수유래 중간엽줄기세포를 주원료(성

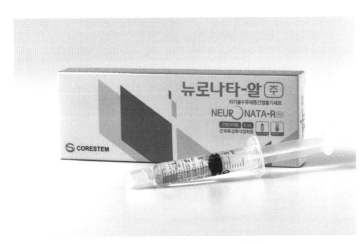

뉴로나타알주는 루게릭병 환자의 증상 악화를 완화하는 효과가 있다.

분명: Lenzumestrocel)로 하는 줄기세포 치료제로, 루게릭병 환자의 증상 악화를 완화하는 효과가 있다. 유전적 요소, 염증 반응 등으로 운동신경의 사멸로 인해 발병하는 루게릭병을 치료하기 위해 과거 여러 약물의 개발이 이루어졌으나 그 효과는 미비한 수준이었다.

코아스템의 '뉴로나타-알'은 1.0×10⁶세포/kg으로 4주 간격 2회 뇌척수강을 통해 투여되며 ALSFRS-R score(질병진행지표)에서 개선됨을 증명했다.

이는 치료제가 염증 유발 인자의 감소, 항염증 인자의 증가 및 신경 보호 인자의 증가를 유도해 운동신경을 보호하고 사멸을

개시 미팅.

억제하는 기전작용으로 확인되었다.

　줄기세포를 활용한 희귀난치병 치료제 시장에 뛰어든 코아스템의 도전은 2015년 세계 최초의 루게릭병 줄기세포 치료제인 '뉴로나타-알'을 선보이며 빛을 보기 시작했다. 2004년 한양대학교와 공동으로 기초 연구를 시작한 지 10년 만에 이룬 성과다. '뉴로나타-알'은 임상 2상 완료 후 안정성과 효능이 입증돼 '패스트 트랙'을 적용받았으며 2014년 '뉴로나타-알'은 식약처로부터 임상 3상을 진행하는 조건으로 조건부 시판 허가를 받았으며 2018년 FDA로부터 희귀의약품 지정, 2019년 유럽연합식약처<sub>EMA</sub>로부터 희귀 약품으로 지정된 바 있으며, 2019년

12월 기준 누적 투여 환자 수 300명을 기록했다.

2020년 7월 미국 FDA로부터 3상 임상 시험 계획을 승인받았으며, 같은 해 8월 식약처로부터 3상 임상 시험 계획 변경 승인 또한 받아 국내에서는 최초로 양국에서 승인받아 국내에서 임상을 진행하는 사례를 선도하게 되었다.

## 비임상 연구소 켐온을 인수하다

코아스템은 국립환경과학원, 농촌진흥청으로부터 GLP Good Laboratory Practice 인증을 받은 CRO Contact Research Organization (계약 연구기관) 전문기관 켐온 Chemon 을 자회사로 편입해 신약·신물질 개발을 위한 자체적인 비임상 시험 및 비임상 시험 대행 서비스를 제공하고 있다. 국내 톱 3 비임상 CRO 기관 중 하나인 켐온을 자회사로 보유하고 있어 성장성과 안정성을 겸비한 사업 구조를 보유하고 있다.

켐온은 국내 최초의 민간 비임상 시험 기관으로 출발해 현재 안전성평가연구소 KIT, 바이오톡스텍과 함께 국내 톱 3 비임상 시험 기관으로서 제약사, 신약 개발 벤처기업, 식품회사, 농약사 및 화학 물질 제조사를 고객으로 하고 있다.

코아스템은 CRO 전문기관 켐온을 자회사로 편입해 신약·신물질 개발을 위한 자체적인 비임상 시험 및 비임상 시험 대행 서비스를 제공하고 있다.

켐온의 주요 사업 영역은 비임상 시험 내에서 안전성 시험, 약효 시험, 독성 동태, ADME, 생물학적동등성시험BE, Quality ControlQC 등이다.

## R&D 기반의 줄기세포 전문 기업

코아스템은 난치성 질환 줄기세포 치료제를 연구하는 전문 기업이다. 코아스템은 줄기세포 치료제의 개발, 제조 공정, 원료 개발, 비임상 및 임상 등 연구 및 상용화를 위한 관련 기술을 포괄

코아스템 제조소 모습.

적으로 내재화하고 있는 소수의 줄기세포 치료제 개발사 중 하나라고 할 수 있다.

순수 국내 기술로 '뉴로나타-알주'의 개발에 성공해 2014년 식약처로부터 조건부 시판 허가를 받았다. 오늘날까지 외국인 환자 120여 명을 포함해 총 300명 이상 환자에게 투여했다. 이러한 치료 효과와 안전성 면에서 인정을 받아 2018년에는 FDA 로부터, 2019에는 유럽 FDA로부터, 2019년에는 EMA로부터 희귀의약품 지정ODD을 받았으며 임상 논문들이 〈유럽신경학저널 EAN〉 등 관련 국제학회에서 주목받았다.

2020년 7월에는 FDA의 임상 3상 시험 신청을 받음으로써 국

FDA 미팅.

내 의료진 및 연구진의 주도로 해외에서 승인을 받은 임상을 국
내에서 진행하는 첫 사례로 인정받으며 줄기세포 분야를 비롯
해 바이오 연구 및 국내 의료 분야의 수준을 국제적으로 알리
는 계기를 마련했다.

## 실패를 두려워하지 않는 코아스템

코아스템은 '첨단 바이오 의약 기술 개발을 통한 바이오 제약
산업의 글로벌 선도 기업'을 비전으로 발전하고 있는 혁신형 바
이오 제약 기업이다. 실패를 두려워하지 않는 과감한 도전 정신

코아스템 연구원들은 오늘도 글로벌 바이오 세포 치료제를 개발하는 데 매진하고 있다.

으로 난치성 환우와 가족 입장에서 안전하고 유효한 치료제, 고품질의 치료제, 가격 경쟁력을 갖춘 치료제 개발과 사용화 기술 개발에 최선의 노력을 기울여 글로벌 바이오 세포 치료제 개발 회사로 성장하고자 한다.

난치성 질환에 대한 줄기세포 치료제의 연구 개발 및 상용화와 관련된 4가지 핵심 기술인 세포 치료제 개발 기술PLUS Cell Technology, 세포 치료제 공정 기술EfficHigh Technology, 역가 및 안정성 최적화를 위한 원료 기술, 전임상 평가 기술을 기반으로 난치성 질환에 대한 줄기세포 치료제의 연구 개발 및 상용화를 진행하고 있다. 이와 관련해 특허등록 39건, 특허출원 9건(PCT 포함)

의 지적 재산권을 보유하고 있다.

신경계 질환과 자가면역 질환 내의 희귀 난치성 질환에 대해 줄기세포 기반 치료제 개발에 집중하고 있다. 현재 신경계 질환 4개, 자가면역 질환 1개, 근골격계 질환 1개 등 6개의 파이프라인을 보유하고 있다.

신경계 질환 영역에서 뉴로나타-알주는 세계 최초 루게릭병 줄기세포 치료제로 국내 식약처의 시판 허가를 받고 판매 중이며, 뉴로나타-알주의 해외 진출을 위해 미국 FDA, 유럽 EMA 희귀의약품 지정을 받았으며 현재 미국 FDA, 한국 식약처의 3상 임상 시험 승인을 받았다. 또한 뉴로나타의 작용기전에 근거해 무산소성뇌손상 등 신경계 난치성 질환들에 적응증을 확장하기 위한 연구자 임상 시험 중에 있다.

루게릭병 외에 다계통위축증에 대한 줄기세포 치료제(CS10BR05)에 대해 임상 1상 시험을 종료했으며 동종골수유래줄기세포를 이용한 소뇌실종증 및 난치성 뇌전증 치료제를 개발 중에 있다.

자가면역 질환 영역에서는 동종골수유래줄기세포의 면역 조절 및 항염증 작용을 이용한 루프스 치료제(CS20AT04)에 대해 임상 1상을 종료했고 현재 연구자 주도 임상을 진행하고 있다.

루게릭병 환우를 위한 아이스버킷 챌린지.

또한 동종연골유래세포를 이용한 관절염/연골결손 치료제 파이프라인을 보유하고 있다.

코아스템은 줄기세포 치료제의 개발을 주 사업으로 하고 있다. 아직 시장 도입기인 줄기세포 치료제의 상업화를 위한 산업적 인프라가 충분히 갖추어져 있지 않은 환경이기 때문에, 현 단계에서 줄기세포 치료제 회사는 Bio Pharmaceutical Company 모델을 우선 적용해 국내 상업화를 추진하고 있고 해외 국가별로 목표 시장 및 치료제의 유형에 따라 기술 거래 또는 직접 진출 중 적절한 모델을 선택하는 것이 적합한 것으로 판단하고 있다.

앞으로 선도적인 연구 기술력을 기반으로 국경·인종·소득의 한계를 뛰어넘어 치료법조차 존재하지 않던 난치성 질환에 새로운 치료 방안을 제공함으로써 코아스템의 존재 이유를 매김하며 나아가는 세계 최고의 기업이 되겠다.

대표이사
**김영귀**

## KYK김영귀환원수

### 학력
| | |
|---|---|
| 2004 | 대구대학교 경영대학원 수료 |
| 2005 | 서울대학교 국제대학원 수료 |
| 2006 | 서울대학교 자연과학대학 수료 |
| 2007 | 청도이공대학교 경영학 박사학위 취득 |
| 2010 | 산동대학교 경영대학원 수료 |
| 2012 | 고려대학교 경영대학원 수료 |
| 2014 | KAIST 글로벌 중견기업 아카데미과정 수료 |

### 경력
| | |
|---|---|
| 1980~2021 | 물과학연구 42년 |
| 2004~2017 | MBC, SBS, KBS, TV조선, MBN 등 물 전문가 TV 출연 다수 |
| 2004~2021 | KYK김영귀환원수㈜ 대표이사 |
| 2005~2021 | KYK과학기술연구소 소장 |
| 2006 | 서울대학교 자연과학대학 〈알칼리이온수 연구〉 논문 발표 |
| 2008~2021 | 중국 청도이공대학교 석좌교수 |
| | ㈔한국대학발명협회 고문 |
| 2010 | 산동대학교 초빙교수 |
| 2014 | 세계 최초 서울대병원 IRB 승인 물 임상 85.7% 고효과 입증 |
| 2015 | 세계 물의 올림픽 World Water Forum 운영위원 및 물 과학 연구 발표 |
| 2016~2019 | 8개국 정상회담 경제사절단 참가 5,000만 달러 MOU 체결 |

### 상훈
| | |
|---|---|
| 2005 | 과학기술 부총리상 |
| 2008~2017 | 독일·스위스 등 국제발명전 금메달 13관왕 |
| 2009 | 지식경제부 장관상 |
| 2011 | 제46회 대통령 발명철탑산업훈장 |
| 2011~2012 | 신기술으뜸상(2년 연속) |
| 2013 | 일본 세계천재인대회 금상 |
| | 아시아 로하스 대상 환경부장관상 |
| 2015 | 한국 식품의약품안전처장상 |
| | 홍콩 국제 혁신디자인 및 기술제품 최우수상 |
| 2016 | 보건복지부장관상 |
| 2019 | 대한민국 지식경영 노벨 물과학 대상 |
| | 서울특별시장상 친환경기업 대상 |
| 2021 | 매경 글로벌리더 대상(8년 연속) |

## 안전성과 의학적인 효과를 허가받은 물 출수하는 의료 기기

김영귀환원수 김영귀 대표는 특별한 계기를 통해 물의 신비와 위대한 가치를 발견하고 장인의 정신과 홍익인간 차원에서 1980년부터 물 과학 연구를 정진해 2021년 42년 차에 접어들고 있다. 김영귀 대표가 그동안 개발한 기술과 제품들은 국내는 물론 국제무대에서도 검증을 받았다.

사람이 음용하거나 차와 음식을 조리하는 등의 물로 사용하는 물이 한국 식품의약품안전처로부터 안전성과 유효성을 검증받고, 약으로도 고치기 어려운 4대 위장 증상을 개선하는 데 도움이 되는 물로 허가를 받은 물은 이 지구상에 알칼리이온수 말고는 없다.

4대 위장 증상은 위장 내 이상발효, 소화불량, 만성설사, 위산과다를 말한다. 위장 내 이상발효란 섭취한 음식물이 정상적으로 발효되지 않고 이상발효를 일으킨 현상이다. 다시 말해 섭취한 음식물이 발효되지 못하고 부패하는 현상을 말한다. 섭취한 음식물이 부패하게 되면 화학적으로 황화수소, 암모니아, 인돌, 니트로소아민, 페놀, 히스타민 등의 무서운 발암 물질과 독성 물질들이 생길 수 있다. 이러한 발암 및 독성 물질들을 내 몸에서

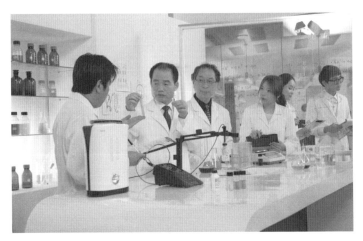

KYK과학기술연구소 전경.

하루 24시간, 365일을 계속 만들어낸다고 생각하면 끔찍한 일이 아닐 수 없다.

질병이 전염되지 않았는데도 불구하고 몸에서 스스로 발생하는 질병들인 당뇨, 암, 고혈압, 심뇌혈관 질환, 아토피, 자가 면역 질환 등이 셀 수 없을 정도로 많은 게 어제오늘의 문제가 아니다. 산업은 발전해 4차 산업혁명 시대에 돌입했으나 현대 의학은 이러한 질병들을 근본적으로 해결하지 못하고 있는 게 부인할 수 없는 현실이다.

소위 이러한 현대적 성인병들은 유독성 활성산소와 인체 면역성과 깊이 관련되어 있다. 유독성 활성산소가 세포에 손상을 입히거나 유전자를 파괴해 암이 된다는 사실은 잘 알려져 있다. 유독성 활성산소는 생활 환경 공해 및 스트레스 등으로 발생하지만, 가장 많이 발생하는 원인은 장내 이상발효에 의해서다. 그래서 섭취한 음식물이 이상발효로 인해 부패되는 현상을 개선하는 데 도움이 되는 물을 생성 출수하는 제품을 식약처로부터 의료 기기로 허가를 받았다.

후지타 고이치로藤田紘一郎 박사는 오래전부터 책이나 미디어 등을 통해 "장내 유익한 미생물을 살리면 면역력이 5배가 높아진다"라고 여러 차례 발표한 바 있다. 사람이 제아무리 좋은 음식을 먹는다 하더라도, 그 음식물을 장내의 유익한 미생물에 의해 정상 발효시켜 영양 물질로 소화 흡수하지 못하면 그 음식물은 유해한 미생물들의 이상발효로 인해 독성 물질로 변하고 만다. 마치 소가 물을 마시면 우유를 생산하고, 뱀이 물을 마시면 독을 만드는 원리와 같다.

살아 있는 나무를 보면 줄기와 가지, 잎, 뿌리로 구성되어 있다. 그중에서 가장 중요한 생명의 핵심 요소는 뿌리다. 나무의 뿌리는 눈에 보이지 않지만, 뿌리가 죽으면 그 나무는 살 수 없다.

인체에도 뿌리가 있을까? 나무와 인체를 똑같은 선상에서 볼 수는 없지만 살아 숨 쉬는 생명의 원리는 같다. 그러한 차원에서 보면 인체에서 뿌리에 해당하는 것은 바로 장이다. 섭취한 음식물을 에너지원으로 만드는 기관이 장이며 면역 세포의 70%가 장에서 살고 있기 때문이다. 인체는 60조 개의 세포로 이뤄졌고, 장내 미생물은 100여 종의 미생물이 100조 개가 넘게 살고 있다(학자에 따라서 숫자 차이는 있다). 장내 미생물은 장내 환경에 따라서 유익한 미생물이 많아지기도 하고, 유해한 미생물이 많아지기도 한다.

김영귀환원수의 김영귀 대표가 개발한 제품에서 출수되는 물은 위장 내 환경을 개선해 유익한 미생물이 잘 살고 많아지게 해서 유해한 미생물로 인해 섭취한 음식물이 이상발효(부패)를 일으키는 현상을 개선하는 데 도움이 되는 물로 허가를 받았다. 이것은 참으로 획기적인 일이며 공신력이 있는 물이다.

또한 김영귀 대표는 자신이 개발 제조한 제품으로 동물 임상이 아닌 사람을 대상으로 국내 최초로 서울대병원에서 IRB(생명윤리 및 안전에 관한 법률) 승인을 받아서 임상(과민성 장 질환)을 했다. 임상 책임자에 의하면 그 분야의 약의 효과는 10% 미만이라고 하는데 임상의 결과가 무려 85.7%의 효과를 입증받은 것이다. 김영귀환원수 제품에서 출수되는 물은 물이기는 하지만 어떤 면에서는 약보다 더 우수하다는 임상 결과가 나온 셈이

분당서울대병원에서 IRB 승인을 받아 임상 시험에 성공했다.

다. 이 임상은 국제 논문으로도 발표되어 많은 화제가 되기도 했다. 물은 물이지만 안전성과 유효성이 검증되어 일반적으로 마시는 생수나 정수기 물과는 차원을 달리하고 물임을 공신력 있는 검증과 허가 결과를 통해 신뢰할 수 있다.

## 정상과 함께 세계 시장을 열다

KOTRA가 2020년 12월 출간한 《경제외교 해외진출 길을 넓히다》에 의하면 2020년 한국 경제는 코로나19로 인해 세계 교역 위축 및 글로벌 경쟁 심화 등으로 수출 감소가 전년 동기 대비 7.1%가 감소(2020년 11월 말 기준)했다고 밝혔다. 김영귀환원수

KOTRA와 한국무역협회에서 발간한 책자에 김영귀환원수의 성과 사례가 실렸다.

는 이러한 어려운 여건 속에서도 수출 금액 확대를 통해 인도에서 연평균 15% 성장을 이뤄냈다. 2019년 한국 인도 정상 회담 경제 사절단 비즈니스 파트너십에 참가한 이후 인도 기존 바이어와의 계속적인 파트너십을 통해 이뤄진 결과다. 2020년에는 누구나 다 아는 코로나19로 전 세계가 왕래가 거의 안 되는 상황이었는데도 끊임없는 기술 개발 및 제품을 개발 공급하고 우호적인 협력으로 좋은 성과를 이뤄냈다. 이러한 김영귀환원수의 성과 사례가 KOTRA 발간 책자에 잘 소개되어 있다.

김영귀환원수가 각국 정상 회담 경제 사절단 비즈니스 파트너십에 참가해 성공적인 사례가 소개된 일은 이뿐 아니라 한국무역협회에서 2019년 1월에 발간한《정상과 함께 세계 시장을 열다》에도 실렸다. 그해 KOTRA에서 발간한《기업이 전하는 경제 외교기업활용 성공스토리》에도 성과 사례가 실렸다.

## 물과 수소의 과학

물은 모든 생명의 근원이다. 물은 생명을 유지하고 발전시키며, 각 생명의 종이 후대에 이어지게 하는 가교이자 터전이다. 공기 없이 사는 생명체는 있어도 물 없이 사는 생명체는 없다. 물은 그 자체로도 생명이다. 지구의 70%가 물이며, 인체의 70%도 물이다. 물의 경이로움과 물의 위대한 도를 한두 마디로 논할 수는 없지만, 내 몸에 들어가는 모든 것 중에서 물이 가장 중요하다는 정도는 알아야 할 필요가 있다.

내 몸의 70%의 물을 어떤 물로 채우고 매일 갈아주느냐에 따라서 건강과 수명은 달라진다. "물은 능히 질병도 만들 수 있고, 물은 능히 건강도 만들 수 있다." 이것이 김영귀 대표의 어록이자 철학이다. 세계적으로 유명한 건강 장수촌 사람들의 공통된 비밀은 물이 좋다는 데 있다.

이 경이롭고 신비로운 물은 어디에서 왔을까? 김영귀 대표는 "물은 $H_2O$입니다. 수소 2개와 산소 1개가 결합해서 물이 된 것입니다"라고 한다. 김영귀 대표는 물을 건강 차원에서 보지 않던 시대에 남다른 사명과 철학으로 물 과학 연구를 통해 쇠가 녹스는 물과 쇠가 녹슬지 않는 물이 있다는 것을 알아냈다.

산화 환원 전위ORP와 산성과 알칼리성pH, 수소 함량H2 ppb, 물 분자 크기Cluster 등의 구조와 에너지를 알아내고, 그러한 기능과 성능을 가진 물을 생성 출수하는 제품을 개발해낸 것이다. 그렇다면 수소는 어디에서 온 것일까? 또 의문이 생기지 않을 수 없다. 이에 대해 김 대표는 "수소는 우주 만물을 이루고 있는 모든 물질의 근원으로서 원소 기호 제1번이며, 우주에는 92.1%가 수소로 이뤄져 있으나, 지구 대기상에는 수소가 거의 없다 (0.00005%)"며 그 이유에 대해 "수소는 지구에 있는 산소와 만나 거의 다 물이 되어 지구의 70%를 차지하고 있으며, 그 물은 오늘날 지구의 모든 생명을 번성케 하는 기적을 이루었다"고 한다.

세계에서 가장 큰 권위와 신뢰를 얻고 있는 의학 학술지는 〈네이처 메디신Nature Medicine〉이다. 이 의학 학술지 2007년 6월호에 "수소는 적은 양으로도 유독성 활성산소를 효과적으로 제거한다"는 일본 도쿄의대 '오타 시게오' 교수 연구팀의 논문을 검증을 거쳐 게재 발표했다. 이때부터 건강 및 의료 산업 분야의 학자들로부터 각광받기 시작했다.

인류가 갈망하는 건강 장수를 이루기 위해서는 세포 손상을 입히거나 DNA를 파괴해 암세포를 만드는 유독성 활성산소와 싸워서 이겨내야만 가능한 일이다. 그러나 20대 중반 이후부터는 유독성 활성산소를 막아내는 SOD 물질 생산량이 점점 감소해 나이가 많아지면 아예 생산되지 않는다. 그래서 항산화 물질로 각광받고 있는 식품이 비타민C다. 수소는 이 비타민C에 비해 176배의 효과가 있다. 게다가 비타민C는 수용성이기 때문에 물만 통과하지만, 수소는 지방도 통과하기 때문에 세포 내의

김영귀 수소수 제품(위)과 필터 제조 공장(아래).

'미토콘드리아'에까지 도달할 수 있다. 특히 세포의 DNA를 파괴해 암세포를 만드는 하이드록실 래디칼Hydroxyl Radical을 비타민C가 제거하지 못하지만, 수소는 이를 제거한다. 이러한 수소의 효능은 국제 논문 1,000여 편에 발표되었다.

인간의 질병에 대해 세계에서 가장 많은 연구를 한 연구 기관을 든다면, 미국 존스 홉킨스Johns Hopkins 의과대학이다. 이 의과대학에서 "인간의 질병 90%는 유해 활성산소가 원인이다"라고 발표한 바 있다.

김영귀 대표는 누구나 일상생활에서 편리하게 활용하게 하기 위한 목적으로 특유의 연구 기질을 발휘했다. 누구나 가정이나 직장 등에서 정수기나 알칼리이온수기처럼 편리하고 실용적으로 사용할 수 있도록 성능과 효과가 우수한 김영귀표 수소수기 제품을 다양한 모델로 개발해 이를 알고 있는 소비자들에게 인기리에 국내 판매와 수출을 하고 있다.

　수소는 1766년 영국의 헨리 캐번디시Henry Cavendish에 의해 처음 발견되었고, 이후 1789년 프랑스 앙투안 라부아지에Antoine Laurent de Lavoisier가 수소Hydrogen라고 명명했으나 그동안 수소에 대한 개념은 원소 기호 제1번 정도로만 알고 있었을 뿐 이렇게 유독성 활성산소를 제거해 질병을 예방하거나 치유하며 건강을 증진할 수 있는 물질로는 전혀 알지 못하고 있었던 게 사실이다. 그러나 근래에 이르러서 이러한 수소의 우수한 항산화 능력을 활용하게 됨으로써 꿈의 건강 100세를 이룰 수 있는 시대가 다가왔다. 수소는 무공해 청정 에너지로 자동차를 비롯해 여러 분야에서 사용되고 있으며, 생활 환경과 지구 환경을 살릴 수 있는 기적의 물질임에 틀림없다. 그런 의미에서 김영귀 대표는 '수소는 재발견이며, 수소의 신물질이 새로운 세상을 만들 수 있다'고 한다.

　김영귀 대표는 일찍이 수소가 들어 있는 물은, 유해 활성산소를 제거해서 쇠가 녹슬지 않는다는 사실을 발견하고, 오래전부

김영귀 대표가 인도와 비즈니스 파트너십을 체결하고 있다.

터 쇠가 녹슬지 않는 물을 생성 출수하는 제품을 개발해 보급하고 있었다.

## 대통령 철탑 발명산업훈장 수훈

김영귀 대표는 국민 건강 증진과 산업 발전에 크게 이바지한 공로를 인정받아 제46회 발명의날 대통령으로부터 발명 철탑산업훈장을 수훈하는 영광을 안기도 했다. 발명 특허 및 관련 특허 100여 개, 100만불 수출의탑 수상, 일본 세계천재인대회에서 금메달을 비롯해 독일·스위스 등 국제발명대회에서 금메달 13관왕에 올라 국위를 선양했다.

김영귀 대표가 중국·프랑스 등과 비즈니스 파트너십을 맺고 있다.

　김 대표는 알칼리온수기 제품만 개발 공급하는 데 그치지 않고, 수소가 대량으로 함유된 수소수기 제품과 수소를 활용하는 제품 개발에 박차를 가하기 시작했다. 앞서 말한 바와 같이 수소가 유해 활성산소를 제거하는 데 탁월한 효과가 있기 때문이다. 누구든지 가정이나 업소 등에서 편리하고 경제적으로 활용할 수 있도록 하기 위해서다.

　수소수기로서 효과가 있으려면 1,000ppb 이상은 되어야 하는데 시중에는 수소 함량이 500ppb도 나오지 않은 유사품이 많으니 주의할 필요가 있다고 한다. 참고로 김영귀환원수 수소수기 제품은 1,200~1,600ppb가 나온다. 게다가 수소수를 생성하는 백금 티타늄의 전해조의 바디가 플라스틱이 아닌 유해 물

김영귀 대표는 이탈리아와 중국에서 물 과학 관련 세미나를 했다.

질이 토출되지 않은 트라이탄 소재로 개발해 일체의 이물질이 생성되지 않도록 세심한 배려를 했다. 트라이탄 소재로 전해조 바디를 제조하면 수소 함량이 낮게 나오는 단점이 있으나 김영귀환원수는 자체 기술 개발에 의해 수소 함량이 높은 수소수를 생성 출수하는 기술을 개발한 것이다. 이렇듯 수소수를 음용과 조리용 등에 사용할 수 있는 수소수기 제품을 다양하게 개발해 공급하고 있다.

김영귀 대표는 2018년 3월 22일 세계 물의날에 국제수소학술대회를 서울에서 중국 물협회와 공동으로 개최한 바 있다. 독일 마일 교수, 미국 폴락 교수, 일본 켄지 교수, 중국 리프싱 교수 등

김영귀 대표는 독일 등 국제발명전에서 금메달 13관왕에 올라 국위를 선양했다.

국제 석학들이 참가해 학술 발표를 했다. 미국에서는 수소로 암을 치료하고 있고, 일본에서는 방사능 물질에 오염된 환자를 수소로 치료하니 효과가 좋았다는 학술 논문을 발표했다.

김영귀 대표는 수소를 수소수로만 사용하는 것이 아니라 수소 자체를 기체(가스)로 흡입할 수 있는 수소 흡입기를 개발했다. 1분당 100cc, 250cc, 1,000cc 등 소량 발생과 대량 발생 제품을 용도에 따라 다양하게 사용할 수 있도록 개발했다. 수소는 수소수 물로 마시는 것보다는 수소 기체를 직접 흡입하는 것이 효과가 훨씬 더 빠르다. 또한 수소 기체를 발생시켜서 수소수와 혼합해 피부에 직접 분사하는 수소 보톡스 제품을 사용하면 피부가 아주 시원해지고, 부드러우면서 피부 톤이 맑아진다. 누구든 무료로 체험할 수 있도록 문호를 개방하고 있다. 또한 김영귀 대표는 수소 기체를 발생시키는 수소 발생기와 수소 보톡스가 하나로 융합된 수소 하이브리드 제품을 세계 최초로 개발해 관련 인증을 받고, 누구나 가정이나 업소에서 효과적으로 사용할 수 있도록 공급하고 있다. 김영귀 환원수는 누구든 무이자 3년 무상구매(무상 필터 교환)나 무상 렌탈을 할 수 있는 사상 초유의 대박 이벤트를 인기리에 실시하고 있다. 김영귀환원수 제휴 카드를 사용하면 현금 월 6만 5,000원(최대)을 지급한다.

## 물 과학연구 42년

인류 건강을 위한 물 과학 연구 42년. KYK김영귀환원수㈜ 개발자이자 창업자인 김영귀 대표이사. 무엇이 그를 외길 42년을 물 과학 연구 한길로 걷게 했을까? 국내에서 물을 사 먹기 시작한 것은 1988년 올림픽이 끝난 이후부터다. 그보다 8년 전인 1980년경에는 물을 사서 먹는다는 것은 상상도 하지 못했던 시대였다. 그런데도 김영귀 대표는 무슨 까닭으로 물 과학 연구를 시작하게 되었을까?

물 과학의 외길을 걷고 있는 김영귀 대표는 세계 각국에서 물 강연을 이어가고 있다.

이야기는 그가 태어나서 자라나는 어릴 때부터 시작된다. 김 영귀 대표는 1952년, 지리산 산골의 한 마을에서 태어났다. 때 는 보릿고개 시대였다. 태어났을 때부터 배고픔의 설움을 겪어 야만 했다. 그때 사람들은 요즘 사람들처럼 좋은 집과 좋은 자동 차를 소유하기를 원하거나 부와 명예를 원하는 것도 아니었고 오직 배불리 밥 먹고 사는 것이 소원이었다. 사람이 사지가 멀쩡 하고 정신이 또렷하게 맑은데도 불구하고 단순히 먹을 것이 없 어서 많은 사람이 굶어 죽었다. 그래서 그 시대를 보릿고개라고 했고, 그 고개를 넘다가 죽는 사람이 많아 히말라야산맥을 넘는 것보다 더 어려운 고개라고 했다.

어린 소년 김영귀는 '나는 장차 어른이 되면, 사람에게 가장 큰 설움인 이 배고픈 설움을 해결해주는 사람이 되자!'라는 꿈을 품었다. 혹독한 배고픈 설움을 겪으면서 성장한 그는 '우리도 한번 잘살아보세' 새마을 운동을 하고 산업 사회가 되는 시기에 사회에 나오게 되었다. 김영귀 대표가 사회에 나왔을 때는 이미 배고픈 보릿고개 시대는 지나가고 없었다. 그런데 이상하게도 과거에 듣지도 보지도 못한 당뇨, 고혈압, 각종 암 등의 고질적인 성인병이 성행하고 있었다. 여기에서 김영귀 대표는 생각하기를 '과거에는 못 먹어서 병이 났었고 병이 나더라도 돈이 없어서 병원엘 가지 못해서 많은 사람이 죽었는데 지금은 누구든 마음대로 병원 치료를 받고 살고 있으면서 잘 먹고 편리한 생활까지 누리면서 살고 있는데도 불구하고 왜 이러한 성인병은 생기는 것이며 고치기 어려운 것인가?' 하고 의문을 품었다.

김영귀 대표는 자연 의학에 입문해 노벨상을 두 번씩이나 수상한 라이너스 폴링 박사의 분자교정의학을 배우고, 한의학의 근간이 되는 사상의학과 동의 부항 의학 등의 세계적으로 유명한 자연 의학을 배우게 되었다. 자연 의학을 통해서 물의 위대한 섭리와 이치를 깨달은 것이다. 김영귀 대표는 《동의보감》의 33가지의 물을 비롯해 전 세계의 수백 가지에 이르는 물을 조사하고 연구했다. 이러한 물 과학 연구 과정을 통해서 산화력과 환원력 ORP이 있는 물을 알게 되었고 그 환원력은 수소에서 나온다는 사실을 알게 된 것이다. 환원력이 있는 물을 의미하는 환원수라는 말은 한국 최초로 김영귀 대표가 만들어냈으며 이제는 일반 사람들도 환원수라는 용어를 사용하고 있다. 김영귀 대표는 본인 이름 그대로 붙여서 '김영귀환원수' 상표를 등록해 '김영귀환원수'라는 브랜드가 탄생하게 되었다.

  김영귀 대표는 이제 글로벌 바이오 헬스 케어 선도 기업으로 가기 위해 투자 권유를 받아들여 여타 회사들처럼 투자를 받아 크게 키우거나 아니면 유능한 인재들을 영입해 차근차근 단계별로 키울 것인지를 계획 중에 있다.

사장

# 김정학

## 제주특별자치도개발공사

**학력**

| | |
|---|---|
| 1958 | 제주특별자치도 제주시 동문로 출생 |
| 1977 | 오현고등학교 졸업 |
| 1979 | 제주산업정보대학 공업경영과 졸업 |
| 2015 | 원광디지털대학교 차문화경영학과 졸업(학사) |
| 2018 | 아주대학교 공공정책대학원 행정학과 졸업(석사) |

**경력**

| | |
|---|---|
| 2012.01~2013.01 | 제주특별자치도청 기업지원과장 |
| 2013.01~2013.07 | 제주특별자치도청 민생시책추진팀장 |
| 2013.07~2014.06 | 제주특별자치도청 국제자유도시과장 |
| 2014.07~2014.08 | 제주특별자치도청 총무과장 |
| 2014.08~2015.01 | 제주특별자치도청 정책기획관 |
| 2015.01~2016.01 | 제주특별자치도청 특별자치행정국장 |
| 2016.01~2017.07 | 제주특별자치도청 기획조정실장 |

**상훈**

| | |
|---|---|
| 1993.12 | 정부 선정 모범공무원 |
| 1997.12 | 외무부장관 표창 |
| 2003.06 | 문화관광부장관 표창 |
| 2003.12 | 대통령 표창 |
| 2009.12 | 대통령 표창 |
| 2010.11 | 국무총리 표창 |
| 2018.06 | 홍조근정훈장 |

제주특별자치도개발공사
JEJU PROVINCE DEVELOPMENT CO.

## 안정 속의 잔잔한 개혁

제주의 성장 발전을 이끄는 글로벌 창의 기업 제주특별자치도개발공사(사장 김정학)가 2021년에 창립 26주년을 맞았다.

제주개발공사는 제주도 대표 공기업으로 제주의 자원인 청정 지하수를 국내 최고의 생수로 만들어 제주의 브랜드 가치를 크게 키웠다. 리딩 브랜드로 우뚝 선 제주삼다수를 생산하는 먹는샘물 사업 외에도 제주의 생명 산업인 감귤 산업 발전을 위한 감귤 가공 사업, '마음에 온' 통합 브랜드를 통해 도민의 주거 안정에 기여하는 공공 주택 사업 및 주거복지센터 운영, 어려운 이들이 기댈 수 있는 버팀목으로써 다양한 사회공헌 사업까지 제주의 발전과 도민의 복지 증진에 이바지하고 있다.

특히 공사를 이끄는 김정학 사장은 '안정 속의 잔잔한 개혁'을 기조로, 안전한 사업장에서 상생과 공감의 '가치경영', 소통과 화합의 '신뢰경영', 자율과 혁신의 '책임경영', 창의와 성장의 '미래경영'을 적극 추진함으로써 고객에게는 행복을, 도민에게는 희망을 제공하는 것을 목표로 삼고 있다.

2020년에는 25년간의 운영 성과를 분석하고 전략 방향을 도출, 미래 발전을 위한 2023 8대 중점 추진 전략을 발표했다.

첫 번째 중점 추진 전략은 친환경 생산 설비 도입 및 에너지 절감 생산 체계 구축을 통한 '제주삼다수 매출액 3,000억 원 시대 달성'이다.

친환경 용기 및 재생 PET 등 친환경 응용 기술을 확보해 적용을 강화하고, 비대면 소비 트렌드를 맞아 삼다수 배송 앱 '삼다수 클럽'을 통한 서비스를 확대하는 한편 플라스틱 수거 및 재활용 확대 등을 통한 '삼다수의 진화'를 집중 추진한다.

또한 내륙 물류 거점과 자동화 창고를 확보하고 물류 환경 개선과 타깃별 맞춤 마케팅 전개를 통해 오는 2023년 3,200억 원의 매출 목표를 달성할 계획이다. 현재 동남아를 중심으로 한 수출 물량 7,684톤을 오는 2023년까지 중국·미국으로 확대해 1만 톤으로 끌어올린다는 전략이다.

'세계적 수준의 먹는물 연구 체계 확립'도 적극 추진한다. '국가 공인 수질 분석 기관' 지정으로 대외적 공신력을 확보하고, 국내외 전문기관과의 연구·교류 협력을 강화하는 한편, 과학적 취수원 관리 모델 구축 및 수자원 가치 연구도 강화한다.

제주삼다수 수익을 통한 사회공헌도 적극 확대한다. '어려운 사람들의 기둥이 되는 JPDC형 사회공헌 사업'을 진행, 행정(복지) 사각지대를 위한 사회공헌 사업을 확대 진행한다. 기업 및 단체와의 협업을 통한 지역 사회 문제 해결 및 일자리 창출에 적극 나선다. 공사의 업業과 연계, 사회적 가치 구현을 위한 사회적 책임도 강화한다는 계획이다.

이와 함께 '청렴도 1등급, 지방 공기업 평가 가등급'을 달성해 대한민국 최우수 공기업으로 거듭나기 위해 사장 직속의 윤리경영팀과 노사협력팀을 신설했으며, 일하는 방식 및 업무 시스템 혁신을 통해 목표 달성을 위한 효율을 극대화한다.

## 생수 업계 최초 '탈 플라스틱' 도전

제주개발공사는 최근 창립 26주년을 맞아, 제2의 창업 정신으로 '2030 제주개발공사 그린 홀 프로세스Green Whole Process' 친환경 경영 비전을 선포했다. 이를 통해 ESG 선도 공기업으로 도약하는 원년으로 삼는다는 계획이다.

이를 위해 제주개발공사는 제주삼다수 무라벨 생수 출시를 시작으로 재생 페트 사용, 바이오 페트 개발 연구 등 2030년까지 플라스틱 50% 절감을 위한 단계별 로드맵 구축에 착수했다. 또한 공사 내 생산 시설을 중심으로 신재생 에너지 전환을 통한 이산화탄소 절감을 지속적으로 이뤄 나갈 계획이다.

제주개발공사의 '그린 홀 프로세스' 개념도.

먼저 제주삼다수는 올해 6월부터 무라벨 제품 '제주삼다수 그린 에디션' 0.5L 및 2L 제품을 출시한다. 무라벨 제품은 제주삼다수 가정배송 앱 서비스를 통해 판매되며, 이를 통해 약 64톤에 달하는 비닐 폐기물 절감 효과를 기대하고 있다.

제주개발공사는 무라벨 생수 출시가 소비자 인식 제고와 페트병 분리배출에 따른 편의성 측면에 집중되는 만큼 플라스틱 사용 저감화를 위한 근본적인 친환경 경영 계획을 수립한다는 복안이다. 이를 위해 2025년까지 2020년 대비 플라스틱 사용량을 25% 줄이고, 2030년에는 플라스틱 사용량을 지금의 절반으로 줄여 나가 생수 업계 최초로 '탈 플라스틱'에 도전한다.

제주삼다수에 사용되는 플라스틱 사용량을 줄이기 위해 소재 혁신과 함께 다양한 연구 사업도 진행 중이다. 먹는샘물용 재생 페트R-PET 사용을 비롯해 제주도의 자원을 활용한 바이오 페트 개발 등 장기적 관점에서 플라스틱을 대체할 수 있는 용기를 활용해 탈 플라스틱 비전을 이행해 나갈 예정이다.

제주개발공사는 2003년부터 제주삼다수 페트병 경량화를 추진해 플라스틱 사용량을 1,000톤 이상 줄이는 데 성공한 바 있다.

이와 함께 제주삼다수 생산 라인을 비롯한 모든 사업장에서 신재생 에너지 비중을 50%로 늘려 공격적인 이산화탄소 저감에 나선다. 2021년 생산 라인을 중심으로 에너지 진단을 토대로 절감 방안을 도출하고 신재생 에너지 도입을 순차적으로 추진한다. 중장기적으로 태양광 패널 설치, 사업장 내 100% 재생 에너지 전력 대체RE100, 신재생 에너지 공급 인증서REC 구매 등으로 온실 가스 배출량을 50% 감축하는 것을 골자로 한다.

이외에도 제주개발공사는 감귤 농축액을 생산하는 과정에서 나오는 부산물까지 단미사료(다른 것과 섞지 않은 가축 사료)로 만들고, 처리 과정에서 발생하는 바이오 가스를 활용해 부산물 처리에 필요한 에너지를 생산하는 등 사회적 가치 창출과 자원 순환의 새로운 모델도 제시할 예정이다.

## 폐페트병을 새로운 자원으로 만드는 시작, '올바른 수거'

제주개발공사는 플라스틱 쓰레기 없는 청정 제주를 만드는 일에도 적극 참여하고 있다.

특히 제주인사회적협동조합 등과 손잡고 제주에서 다 마신 생수병 등 투명 페트병을 수거하고, 새로운 자원으로 순환하는 데 앞장서고 있다.

생수병 등 투명 페트병은 의류는 물론 산업용 원자재로 활용할 수 있을 만큼 부가 가치가 높은데도 불구하고, 여러 플라스틱과 뒤섞여 수거되는 탓에 실제 재활용 비율은 10% 정도로 낮았기 때문이다.

이에 제주개발공사는 제주특별자치도와 함께 71개 재활용 도움센터와 공동주택 등 125개의 투명 페트병 별도 수거 시설을 마련했고, 유동 인구가 많은 관광지·마트·공항을 중심으로 16대의 페트병 자동 수거 보상기도 운영하고 있다. 또 서귀포수협과 함께 전국 최초로 어업인들을 대상으로 바다에서 버려지는 폐페트병을 수거, 업사이클링하는 해양 쓰레기 사이클링 프로젝트도 진행하고 있다. 이 같은 활동을 통해 제주에서 수거한 투명 페트병이 2020년에만 100톤이 넘는다.

추자도 해변에서 버려진 페트병을 수거하고 있는 삼다수 봉사대(왼쪽), 제주공항에 설치된 페트병 자동 수거 보상기(오른쪽).

수거한 페트병은 페트병에서 원사를 뽑아내는 기술을 가진 효성티앤씨, 패션 기업과 손잡고 친환경 패션 아이템으로 만들고 있다. 특히 2021년에는 영원아웃도어가 전개하는 노스페이스를 통해 친환경 의류와 소품 16종이 'K에코 삼다수 컬렉션'으로 출시되어 의미와 디자인을 중요하게 생각하는 MZ(밀레니얼+Z세대)세대로부터 좋은 반응을 얻고 있다.

제주개발공사의 이 같은 활동은 자원 순환의 우수 사례로 선정되기도 했다. 제주개발공사는 2020년 연말에 열린 '2020 자원순환 우수사례 경진대회'에서 단체부문 우수상에 오르며 한국환경공단 이사장상을 수상했다.

제주에서 수거한 페트병 100톤을 업사이클링해 만든 친환경 의류.

'2020 자원순환 우수사례 경진대회'는 일상생활 속 자원 순환 실천을 독려하기 위해 환경부 주최·주관으로 열린 대회다. 심사 위원 평가와 온라인 국민 투표를 각 50%씩 반영해 심사했으며, 부문별(개인·기업·단체)로 최우수상, 우수상, 인기상을 선정했다.

제주개발공사는 페트병으로 인한 사회 문제의 심각성이 고조됨에 따라 투명 페트병 별도 분리배출을 독려하고, 버려지는 페트병을 직접 수거해 업사이클 제품으로 새로 활용하는 프로젝트를 통해 자원의 선순환 구조를 구축하는 노력을 인정받아 수상했다.

## 산업의 올바른 친환경 문화 형성에도 앞장

제주개발공사는 생수 업계의 친환경 문화 형성에도 적극적으로 동참하며 관련 산업이 발전하는 데 긍정적인 영향력을 미치고 있다.

2020년 7월 환경부가 주도하는 'SOS 기후행동 캠페인'에 참여해 온실 가스 감축을 약속하고, 취약 계층을 대상으로 폭염 대비 지원에 나섰다.

'SOS 기후행동 캠페인'은 기후 변화로 심화되는 폭염에 대응하기 위해 7월부터 8월까지 폭염으로 어려움을 겪는 취약 계층을 지원하고, 온실 가스 감축을 위한 메시지를 전달하기 위해 마련된 행사다. 기업들은 기후 위기에 공동 대응하고, 온실 가스 저감 행동의 확산을 위해 공동 노력하는 데 합의했다.

또 12월에는 환경부, 먹는샘물 및 음료 생산·유통 업체 21곳과 함께 '투명 페트병 분리배출'의 홍보를 위한 자발적 협약을 체결했고, 최근에는 고품질의 재활용 자원으로 손꼽히는 투명 페트병을 중심으로 한 자원 순환 사회를 구축하기 위해, 먹는샘물 제조 기업 10개사와 함께 '라벨 없는 투명 페트병 사용 업무 협약'을 체결했다.

제주개발공사, 환경부와 라벨 없는 투명 페트병 사용 업무 협약식.

김정학 사장은 탈脫 플라스틱 실천 운동인 '고고GO GO 챌린지'에도 참여해 "플라스틱 일회용품은 거절하고, 투명 페트병 분리배출을 생활화하겠다"고 약속했다.

## 사업 성장에도 온실 가스 감축해 지속가능 경영 방향 제시

제주개발공사는 온실 가스 배출량을 3년째 감축시켜오고 있다. 2020년 제주개발공사의 온실 가스 총배출량(직간접 배출량 포함)은 3만 160톤으로 2018년 대비 3.3%를 감소시켰다. 2017년과 대비하면 9%나 감축을 이뤄냈다. 매출 및 판매량이 증가하는 상황에서 이뤄낸 성과로 기업들의 지속가능 경영 방향을 제시하고 있다.

2021년 현재 모든 사업장에서 친환경, 저탄소 생산 환경을 조성하기 위한 R&D 활동이 활발하게 진행 중이다. 삼다수 페트병 경량화를 비롯해 생산 과정에서 발생하는 에너지와 용수 절감 등 환경에 미치는 영향을 최소화시키고 있다.

제주개발공사는 2018년 제품 생애 주기 전 과정에서 발생하는 온실 가스 배출량에 대한 탄소 발자국 인증을, 2019년에는 7개의 환경 영향 정보를 공개하는 환경 성적 표지 인증을 획득해 친환경 생산에 대한 신뢰도를 높이고 있다.

2003년부터 삼다수 페트병 경량화를 추진해 2L 제품은 1998년 대비 17%, 500mL 제품은 22%의 경량화에 성공했다. 2021년에는 330mL 제품 경량화를 추진해 삼다수 라인업 4종에 대한 경량화를 모두 완료시킬 계획이다.

제품 재활용이 용이하도록 소재에 대한 혁신도 진행하고 있다. 제주삼다수 출시 당시부터 라벨과 뚜껑을 비중 1 미만의 합성수지로 만들었고, 2017년에는 단일 재질의 무색 병으로 전환, 2018년에는 라벨 접착제를 열 알칼리성으로 바꿔 페트병에서 쉽게 분리되도록 했다.

2020년부터는 500mL, 2L 제품에 라벨 분리선을 적용한 에코 라벨을 도입해 올바른 분리 수거를 유도하고 있다. 2021년 6월 무라벨 제품 출시로 삼다수는 한국환경공단의 포장재 재질 구조 평가에서 '재활용 최우수 등급'을 획득했다. 공사는 지속적으로 친환경 소재를 개발해 일상생활에서 적용할 수 있는 친환경 활동을 실천해 나갈 방침이다.

제주개발공사는 또한 공공재인 물을 이용하는 기업으로서 책임감을 깊이 인식하며 수자원 절감에도 앞장서고 있다. 2019년에는 L5 생산설비에서 버려지는 용수를 재활용하기 위한 중수도 설비를 도입해 3만 7,334톤의 재활용수 외부 방류를 줄여 28억 원 상당의 용수를 절감했다.

또한 취수정의 자동 세척 용수 방류 방법을 개선해 2019년 지하수 사용량을 2018년 대비 4만 6,894톤을 줄여 지하수원수대금 2억 3,900만 원을 절감해냈다.

이와 함께 제주개발공사는 신재생 및 고효율 에너지를 적극 도입해 연간 87만 2,338KW의 전력 절감과 11만 7,307톤의 탄소 저감 효과를 거두었다. 감귤1공장에 연간 약 3만 8,000KW의 전력 절감 효과를 볼 수 있는 태양광 발전 시설을 구축하는 등 신재생 에너지 활용에 적극적으로 나서고 있다. 이 밖에 전기차를 업무용 차량으로 이용하고 있으며 2022년까지 친환경 차량 비율을 100%로 확대한다는 계획이다.

## 환경 문제 해결을 위한 소셜 벤처 육성까지

제주개발공사는 삼다수를 생산·판매하는 과정에서 친환경 가치를 창출하고, 기업이 기반을 둔 제주 지역 사회가 함께할 수 있는 친환경 활동을 확대해 나가고 있다.

기술과 아이디어로 환경 문제를 해결할 수 있도록 'JPDC 창의사업 공모전'을 열어 소셜 벤처도 발굴, 육성하고 있다. 제주의 환경 문제 해결과 환경 분야 사회적 경제 생태계를 활성화시키는 것이 목표다. 2020년까지 22개의 소셜 벤처 기업을 선발해 2억 4,000만 원을 지원했다.

IoT 기반의 친환경 컵 수거함을 개발한 소셜 벤처 기업 이노버스는 '제5회 JPDC 창의사업 공모전'에서 사업화 지원 대상으로 선정된 이후 SK이노베이션을 비롯한 여러 기업으로부터 1억 원 이상의 투자 지원을 받으며 성장하고 있다.

이노버스의 친환경 IoT 컵 수거함 '쓰샘'은 공공장소에서의 일회용 플라스틱 컵의 재활용 문제를 해결할 수 있는 스마트 쓰레

제주개발공사에 설치된 IoT 기반 친환경 컵 수거함 '쓰샘'.

기통이다. 일회용 플라스틱 컵 세척 기능을 탑재해 공공장소에서도 '비우고 헹구고 분리해 분류하는' 환경부의 분리배출 4대 원칙을 지키면서 분리배출이 가능하다. IoT가 적용돼 언제 어디

서든 실시간으로 적재량을 체크할 수 있어 컵 수거함의 관리까지 스마트하게 만들었다.

이노버스는 공사의 창의사업 공모전을 거치면서 인천대학교와 광명동굴 등 세 곳에 시범 운영을 진행하며 사용자 경험을 기반으로 제품 개선에 나섰다.

제주개발공사는 이노버스가 '쓰샘'의 시범 운영 장소를 선정하는 과정에서 공사의 공공 데이터를 제공해 보다 성공적인 운영 결과를 얻을 수 있도록 도왔다.

이노버스는 'JPDC 창의사업 공모전'에서 사업화 지원 대상에 선정된 이후 가파르게 성장하고 있다. 공사의 지원금 대비 3배 이상의 매출을 창출하고 2명을 신규 채용했으며, 2건의 제품 관련 특허, 벤처 인증 2건을 획득하는 등 굵직한 성과도 이뤘다.

## 사회적 책임경영 명문화한 〈지속가능경영보고서〉 발간

2020년 '사회적 가치 실현'의 본격화를 알린 제주개발공사는 〈2020 JPDC 지속가능경영보고서〉를 발간했다.

〈2020 JPDC 지속가능경영보고서〉는 국제 표준인 GRIGlobal Reporting Initiative 스탠다드에 입각해 공사의 사회적 책임경영을 명문화한 첫 번째 보고서다. 2019년부터 2020년 9월까지의 재무적·비재무적 성과와 지속가능 경영 활동에 대한 성과가 상세히 담겼다.

〈2020 JPDC 지속가능경영보고서〉는 '지속가능한 제주의 미래 가치 창출Discover the Value'이라는 슬로건 아래, (1) 고객 (2) 환경 (3) 상생 (4) 구성원 등 네 가지 핵심 가치를 중심으로 구성됐으며, 사회적 가치 실현과 지속가능한 발전을 위한 강한 의지를 담았다.

기업의 환경 및 사회적 책임, 지배 구조의 투명성 등 최근 주목받는 ESG(환경·사회·지배 구조) 경영 활동을 핵심 주제로 구성한 것이 특징이다.

또한 국제 사회에서 추진 중인 유엔글로벌콤팩트UNGC 10대 원칙, UN의 지속가능발전목표SDGs의 이행 현황을 상세히 담아 글로벌 기업 시민으로서의 책임 있는 모습도 볼 수 있다.

〈2020 JPDC 지속가능경영보고서〉를 통해 공사가 창출하는 사회적 가치를 객관적으로 파악해 상세하게 공개함으로써 도민·고객·협력사·임직원 등 이해관계자들과 효과적으로 소통할 수 있을 것으로 기대하고 있다.

제주개발공사는 〈2020 JPDC 지속가능경영보고서〉를 홈페이

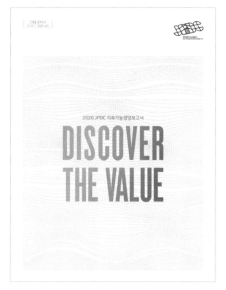

사회적 책임경영을 명문화한 첫 보고서 〈2020 JPDC 지속가능경영보고서〉.

지(www.jpdc.co.kr)에 공개해 누구나 자유롭게 열람할 수 있도록 했으며, 2년마다 '지속가능경영보고서'를 최신 버전으로 개정, 발간할 계획이다.

대표이사
**박상현**

## 바디프랜드

### 학력
2001        고려대학교 통계학과 졸업

### 경력
2002~2005      삼정회계법인
2006~2008      박상현 세무회계사무소 대표
2009~2010      정담회계법인 이사
2011~2015      바디프랜드 재무이사CFO
2015~현재       바디프랜드 대표이사CEO

### 상훈
2019        제56회 무역의날 산업통상자원부장관 표창

# Design Your Health

No.1 헬스케어 그룹 바디프랜드는 고객의 건강을 디자인합니다.

## 세상에 없던 '남다름'의 DNA

'남다름'은 바디프랜드를 설명하는 핵심어다. 안마의자는 70여 년 전 처음 기기를 개발한 일본이 종주국이다. 바디프랜드가 2007년 3월 창립할 당시 국내 안마의자 시장은 파나소닉과 이나다훼미리, 후지의료기 등 일본 기업들의 각축장이었다.

한국보다 저출산 고령화를 먼저 경험한 일본에서는 중·장년 층들의 건강 관리용으로 안마의자가 각광받았고, 이 같은 수요가 자연스럽게 인접국인 우리나라에도 스며들었다. 당시 국내 안마의자 시장은 200~300억 원 규모에 불과했지만, 일본 제품의 인지도가 압도적으로 높았고 그에 대한 소비자들의 막연한 동경심도 팽배했다.

하지만 일본의 안마의자는 콘셉트가 '실버 제품'이다 보니 디자인과 기능에서 큰 차이가 없었다. 디자인과 색상은 특별할 것 없이 검은색 위주로 투박했고, 기능도 '마사지를 제공하는 기계' 그 이상 이하도 아니었다. 바디프랜드는 여기서 기회를 봤다. 키워드는 철저한 '차별화', 또 넘볼 수 없는 '격차'였다.

가장 먼저 했던 일은 디자인 차별화였다. 회사 창립 후 맨 먼저 했던 일이 제일 유명한 디자인 회사를 찾아가 컨설팅 회사를

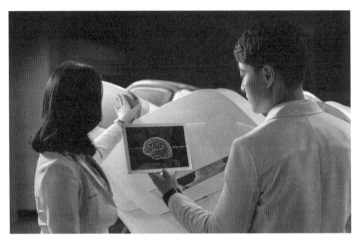

안마의자와 건강 증진 간의 연관성을 연구 개발하기 위한 조직인 메디컬R&D센터.

의뢰하는 것이었다. 시커멓고 투박한 가구 형태가 아닌 슈퍼 카나 항공기 퍼스트 클래스 같은 남다른 디자인은 여기서 출발했다. 디자인 인재들도 대거 영입했다. 이렇게 보유한 현금 대부분을 투자해 디자인 역량 강화에 나섰고, 그 일환으로 '디자인연구소'와 '기술연구소'라는 R&D 조직을 세웠다.

실버 세대로 여겨진 타깃 고객의 연령도 30~40대로 낮춰 젊은 층을 노렸다. 집 안 인테리어와 잘 어울리는 '예쁜 안마의자'와 한국인의 실정에 맞는 기능으로 마사지의 패러다임을 바꿀 '새로운 기능의 안마의자'를 개발하는 데 집중했다. 이를 위해 2016년 3월에는 정형외과, 신경외과, 한방재활의학과 등 전문의

한국인의 실정에 맞는 기능으로 마사지의 패러다임을 바꾸는 데 기여하고 있는 메디컬R&D센터.

들을 대거 영입해 안마의자와 건강 증진 사이 연관성을 R&D하기 위한 조직으로 '메디컬R&D센터'를 꾸리기도 했다.

메디컬R&D센터를 주축으로 '소화 촉진-숙취 해소 프로그램', '수험생 프로그램', '골프 프로그램', '힙업 프로그램' 등 한국인의 라이프 스타일을 반영한 맞춤 마사지 프로그램이 개발됐다.

꾸준한 투자와 역량 강화의 결과 세계 3대 디자인 어워드인 '레드 닷Red Dot'과 'iF'에서 연이어 수상작을 냈고, 메디컬 분야에서도 마사지와 건강 간의 상관 관계를 임상 시험을 통해 속속 검증하는 등 그 성과가 잇따랐다. 세상에 없던 슈퍼 카 안마의자인 '람보르기니 마사지체어(모델명 LBF-750)'와 성장기 어린이 및 청소년용 안마의자 '하이키Highkey'도 이 같은 맥락에서 출시된 제품이었다.

삶의 질과 건강이 중시되는 트렌드와 맞물리면서 시장과 소비자들도 화답했다. 바디프랜드는 2009년부터 시장의 우려를 딛고 소비자들의 초기 비용 부담을 줄여주고자 '렌탈'이라는 새로운 구매 방식을 도입, 안마의자 전성기를 열어젖혔다. 부담 없는 비용으로 자신과 가족의 건강까지 챙길 수 있다는 점이 소비자들의 지갑을 열게 하는 핵심 요인으로 작용했다.

더불어 마사지를 받는다는 의미에서 한 걸음 더 나아가 실제 건강을 증진하고, 럭셔리하면서 풍요로운 삶을 누릴 수 있는 품목으로 안마의자가 부상하면서 천편일률적이던 일본 브랜드는 서서히 종적을 감췄다.

최초의 메디컬R&D센터 설립, 최초의 브레인 마사지 및 멘탈 마사지 개발, 최초의 청소년 안마의자에 이르기까지 바디프랜드는 늘 험하지만, 틀을 깨뜨리며 새길을 개척해왔다. 시장 선발 주자라는 타성에 젖어 R&D를 소홀히 하고, 급변하는 시장 수요에 발맞추지 못한 일본 기업들은 결국 바디프랜드에 1위 자리를 내주고 말았다.

## 존망의 기로 몰렸던 한일韓日 특허 전쟁

바디프랜드는 일본과는 다른 전략으로 일본을 극복하려고 시도 했다. 일본 기업도 급성장하는 바디프랜드를 괴롭히기 위해 의 도적인 방해를 서슴지 않았다. 안마의자를 맨 먼저 개발한 것으 로 알려진 이나다훼미리는 2014년 말경 바디프랜드에 불쑥 자 신의 '자동 체형 인식'에 관한 특허를 침해했으니 사용을 하지 말라는 경고장을 보내왔다. 우수 인재라고 영입한 S대 출신의 변 리사는 '이길 도리가 없다', '이제 회사는 망했다'라며 나가버리 기도 했다. 바디프랜드는 이런 위기 속에서 당황하기도 했지만 위축되기보다는 전화위복의 계기를 찾고자 했다.

다시 전열을 정비한 바디프랜드는 2015년 초 이나다훼미리를 상대로 특허무효심판을 청구함과 동시에 특허권침해금지 소송 을 제기했다. 이나다훼미리 역시 특허권침해금지 등의 소송을 추가 제기했으나 특허심판원은 1년 뒤 "이나다훼미리의 특허는 무효"라고 심결했다. 이후 2016년 9월 특허법원은 특허심판원 이 내린 결론을 재확인했고, 마지막으로 대법원이 이를 최종 확 정했다. 대법원은 이나다훼미리의 특허가 무효라고 판결하면서 "특허의 신규성과 진보성이 없다"고 설명했다. 이 일로 인해 바

바디프랜드가 운영하는 복합문화공간 '카페드바디프랜드'.

디프랜드는 지적 재산권을 다수 확보해 나갔을 뿐 아니라 전문

적인 관리 역량을 갖추는 계기가 됐다.


## 최고는 최고가 알아본다


바디프랜드는 글로벌 시장 진출을 위해 세계 최고의 브랜드와

함께하고자 했다. 최고의 기술력과 디자인을 갖춘 제품, 듣기만

해도 두근두근 가슴 뛰는 브랜드를 찾았고, 이탈리아 슈퍼 카

브랜드인 람보르기니를 점 찍었다.

  콜라보레이션 제안은 쉽지 않았다. 처음 수개월 동안은 문전

박대를 당하기도 했다. 하지만 서로 대화를 시작한 후 람보르기니는 바디프랜드의 남다른 도전 정신과 차별화 마인드를 눈여겨보기 시작했다.

남다른 시도를 하고, 럭셔리를 추구하며, 고객의 라이프 스타일을 창조해간다는 공통점도 발견했다. 결국 람보르기니는 바디프랜드를 몇 안 되는 파트너사로 인정했다. 최고는 최고가 알아보는 법이다. 이뤄질 것 같지 않았던 아우토모빌리 람보르기니와의 콜라보레이션, 그리고 모델명 'LBF-750'(람보르기니 마사지체어)은 이렇게 만들어졌다.

바디프랜드는 세계 최고의 브랜드와 협력해왔다. 많은 이가 열광하는 람보르기니는 물론, 디즈니 마블사와 손잡고 아이언맨과 캡틴 아메리카를 모티브로 한 안마의자를 선보였다.

## 의사가 만드는 마사지 체어

의과대학에 최상위 성적의 수재들이 몰리고 있다. 미래 시장 개척과 먹거리 창출을 위해서는 똑똑한 의사들이 산업계로 진출해야 한다. 결국 인재들이 나라의 미래를 결정지을 수 있기 때문이다. 바디프랜드는 2016년 3월 '메디컬R&D센터'라는 연구 개

바디프랜드 안마의자는 의사가 만든 마사지 체어다.

발 조직을 설립했다. 안마의자를 통한 마사지의 건강 증진 효과를 검증함과 동시에 세상에 없던 헬스 케어 기술을 연구 개발하기 위해서다.

메디컬 R&D 센터에는 정형외과, 정신과, 이비인후과, 치과 등 각 분야 전문의를 포함해 뇌공학자, 물리치료사, 음악치료사 등 뛰어난 전문 인력들이 상주해 연구 개발하고 있다. 이들은 안마의자가 집 안에서 쉽고 편하게 온몸을 밀착할 수 있는 플랫폼이라는 것을 간파하고, 세상에 없던 마사지 기술과 IoT, AI 등의 기술과 융·복합을 통해 '메디컬 체어', 더 나아가 '헬스 케어 로봇'을 만들기 위해 연구 개발과 기술 혁신을 거듭하고 있다.

과거 우리나라가 전자공학, 반도체 같은 분야에서 부단히 땀 흘려 오늘의 IT, 반도체 강국을 만든 것처럼 바디프랜드는 앞으로 메디컬R&D센터가 중심이 된 융·복합 R&D로 안마의자와 헬스 케어를 대한민국을 먹여 살리는 미래 먹거리로 만들어 나갈 계획이다.

## 모두 뇌 탓이오!

마사지Massage는 아라비아어의 '압박'과 '주무르다'란 뜻의 그리스어에서 기원한 말이다. 피부와 근육에 손으로 두드리거나 주무른다는 뜻이다.

바디프랜드 연구진은 이런 고정관념을 버리고자 했다. '왜 손으로만 마사지해야 할까?' '뇌는 왜 마사지하지 못하지?' '마음도 안마할 수 있지 않을까?'

틀을 깬 이런 생각은 뇌 피로 해소를 돕는 '브레인 마사지'와 '멘탈 마사지'의 개발로 이어졌다. 3년여의 연구 개발 끝에 바디프랜드는 뇌를 마사지하는 기술은 물론 마음까지 케어받을 수 있는 멘탈 마사지까지 개발했다.

프로 바둑기사 이세돌 9단은 2016년 말 은퇴전이자 AI와의

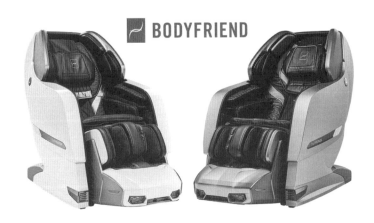

멘탈 마사지를 할 수 있는 바디프랜드 더팬텀, 더파라오.

마지막 바둑 대국에서 브레인 마사지가 대국에 긍정적인 영향을 미쳤다고 밝혀 화제를 모았다.

브레인 마사지를 받은 후 1국을 치른 이세돌 9단은 92수 만에 불계승을 거뒀다. 공교롭게 마사지를 받지 않고 치른 2국에서는 AI가 122수 만에 승리했다.

바디프랜드는 마사지의 뜻을 '사람에게 자극을 주어 건강하도록 돕는 모든 행위'로 재정의했다. 브레인 마사지와 멘탈 마사지 외에도 림프 마사지, 명상 마사지, 이명 마사지까지 바디프랜드는 새로운 마사지를 매번 발명하며 세상에 없던 헬스 케어 솔루션을 선보이고 있다.

## 마사지의 효과 '임상'으로 속속 입증

바디프랜드만의 독보적 기술인 '수면 마사지 프로그램'은 임상 시험으로 효과를 입증했다. 잠들기 전 30분간 수면 마사지 프로그램을 사용하면 수면에 도달하는 시간인 수면 잠복기가 약 7분 짧아지고 깊은 잠으로 분류되는 N3 수면 시간이 2배 이상 길어졌다. '브레인 마사지' 역시 굴지의 대학병원과의 임상 시험으로 뇌 피로가 해소되고 집중력·기억력이 향상된다는 결과를 얻어 그 효과를 입증받았다. 또 바디프랜드 안마의자를 꾸준히 사용하면 허리 불편감이 감소한다는 사실을 임상 시험을 통해 확인하기도 했다.

부정적 인지와 약한 불안감이 있는 일반인이 파라오SⅡ, 파라오Ⅱ에 적용된 '멘탈 마사지'를 꾸준히 받았을 때 스트레스를 경감시켜 멘탈을 케어하는 데 도움이 된다는 실험 결과를 대한신경정신의학회에서 발표하기도 했다.

## 10년 더, 건강하게

83세에 이르는 기대수명에도 불구하고 아프지 않고 산 수명, 이른바 건강수명은 65세에서 제자리걸음을 하고 있다. 20년 가까이를 환자로 산다는 뜻인데, 이 때문에 병病의 진단과 치료 위주의 의학이 사전에 건강을 관리하는 '헬스 케어Healthcare'로 초점이 옮겨가고 있다. 그리고 헬스 케어를 실현하는 가장 좋은 수단이 마사지다. 몸만 맡기면 매일매일 손쉽게 받을 수 있는 특성때문이다.

국내외 수많은 연구 결과에서 마사지의 효능이 입증되고 있다. 미국 국립보건원 등에 따르면 마사지는 통증은 물론 내분비계, 소화계, 호흡계 등 신체 전반에 긍정적인 영향을 미친다. 암환자의 삶의 질 향상에도 도움을 주는 것으로 알려져 있다. 교감 신경을 누그러뜨리고 부교감 신경을 활성화시켜 신체가 항상성을 유지(길항 작용)하도록 돕는다는 점은 이미 잘 알려진 사실이다. 라이프 스타일 의학 전문가 새라 고트프리드Sara Gottfried 박사는 매일의 생활 습관을 바꾸는 것만으로 건강수명을 연장할 수 있다고 강조했다.

'마사지'가 인류의 건강수명을 연장할 수 있는 하나의 가치로 주목받고 있다. 그리고 이를 가장 잘 실현할 수 있는 것이 바디프랜드다. 바디프랜드는 '인류의 '건강수명 10년 연장'을 실현하기 위해 연구 개발에 박차를 가하고 있다.

## 코로나 사태는 위기 아닌 기회

코로나 바이러스 사태가 일으킨 가장 큰 변화 중 하나는 건강과 면역력에 관한 관심이다. 한창 바이러스가 확산 일로에 있어 소비 심리가 얼어붙을 때도 건강에 긍정적인 영향을 미치는 안마의자에 관한 관심은 오히려 커지는 양상을 보였다. 면역력에 관련성이 큰 것으로 알려진 림프 마사지 프로그램, 수면 마사지, 온열/온풍 시스템에 대한 문의가 크게 증가한 것이다.

그리고 코로나19가 장기화되면서 바디프랜드 안마의자 소비가 폭발했다. 2020년 4월 30일부터 5월 5일에 걸친 황금 연휴 기간, 단 6일 동안 무려 5,153대의 안마의자 주문이 쏟아졌다. 2019년 같은 기간 대비 매출 기준 46% 급증했다. 2020년 5월 8일 어버이날에는 일 배송, 설치 신기록을 경신했다. 딱 하루 동안 954대의 안마의자를 배송하고 설치했는데 종전 기록인 739대를 200대 이상 가볍게 뛰어넘었다.

이는 소비자들이 이른바 '보상 소비'에 대거 나선 데다 면역력과 건강에 관심이 급증하며 안마의자로 어버이날 선물을 하려는 방문객의 발길이 크게 늘어난 까닭이다. 업계에서 유일하게 메디컬R&D센터가 직접 안마의자를 연구 개발하고 다양한 임

건강이 화두가 된 코로나 시대에 설 선물로 많이 찾는 바디프랜드 파라오.

상 시험 등을 통해 마사지의 의학적 효과와 효능을 입증해가고 있는 것이, 건강이 화두가 된 올 가정의 달 선물로 바디프랜드 안마의자를 찾은 주된 이유로 풀이된다.

## 글로벌 히든 챔피언, 연구 개발에만 700억!

글로벌 안마의자 시장은 파나소닉을 비롯한 일본 기업이 각축을 벌이며 시장을 지배하고 있는 것으로 알려졌다. 그러나 4년 전부터 이 순위가 뒤집혔다. 글로벌 시장 조사 기관 '프로스트 앤드 설리번Frost & Sullivan'의 조사에 따르면 바디프랜드는 2020년 상반기 매출액 기준 글로벌 안마의자 시장에서 7.5%의 점유율로 1위에 올랐다.

2017년 처음 세계 1위를 차지한 이후 4년째 세계 시장의 정상을 지키고 있다. 안마의자 종주국으로 불리는 일본 기업 파나소닉과 이나다훼미리가 각각 2, 3위를 기록했다. 국내 1위로만 알려졌던 바디프랜드가 세계 시장까지 제패한 히든 챔피언이었다는 얘기다.

브랜드 가치도 수직 상승 중이다. 브랜드 가치를 집계해 발표하는 브랜드스탁에 따르면 바디프랜드는 현재 대한민국 상위 20위권 브랜드다. 코웨이 등의 유사 업종은 물론 삼성, LG 계열의 여러 대기업 브랜드와 애플 아이폰이나 페이스북 같은 글로벌 브랜드가 바디프랜드보다 아래 순위에 위치해 있다.

바디프랜드는 이런 세계 제패의 원동력을 '오감 조격차超格差' 경영으로 설명한다. 기술, 디자인, 품질, 서비스, 고객 만족 등 5가지 분야에서 차별성을 추구한 것이 넘볼 수 없는 경쟁력이 된 것이다. 여기에 질병의 진단과 치료를 넘어, 아프기 전에 라이프 스타일의 관리로 건강수명을 늘려 나가는 '건강수명 10년 연장'을 미션으로 삼아 의학과 헬스 케어의 패러다임을 바꾸겠다

'건강수명 10년 연장'을 미션으로 삼아 의학과 헬스 케어의 패러다임을 바꾸겠다는 것이 바디
프랜드의 전략이다.

는 것이 바디프랜드의 전략이다.

최근 창립 14주년을 맞은 바디프랜드는 'ABC(인공지능, 빅데이
터, 클라우드) 기술을 통한 D(디지털 헬스 케어 로봇) 기업'으로 성
장하겠다는 비전을 제시했다. AI, 빅데이터, 클라우드 등 4차 산
업을 이끌 핵심 기술 역량을 바탕으로 안마의자라는 헬스 케어
기기를 디지털 헬스 케어 로봇으로 변화시키는 데 주력하겠다

바디프랜드만의 독보적 기술인 '수면 마사지', '멘탈 마사지' 등을 임상 시험으로 그 효과를 입증하고 제품에 적용하고 있다.

는 것이다.

　실제 바디프랜드는 새로운 헬스 케어 기술 개발을 위해 최근 5년간 안마의자 연구 개발에만 약 700억 원을 투자했다. 연구 개발은 바디프랜드의 기술연구소, 디자인연구소, 메디컬R&D 센터 등 3대 융합 연구 조직을 주축으로 진행되고 있다. 특히 '메디컬R&D센터'는 전문 의료진이 주축이 돼 안마의자와 건강

사이의 상관 관계를 입증하고 새로운 헬스 케어 기술을 개발 중인 업계 유일의 R&D 조직이다. 실제 바디프랜드만의 독보적 기술인 '수면 마사지', '멘탈 마사지' 등은 임상 시험으로 그 효과를 입증하고 제품에 적용된 바 있다.

2020년 8월에는 메디플렉스 세종병원, 의료 인공지능AI 전문 기업 메디컬에이아이와 공동으로 진행한 연구 논문이 세계적 의학 학술지 〈란셋 디지털 헬스The Lancet Digital Health〉에 커버(표지) 스토리로 게재되기도 했다. 연구진은 7만 건 이상의 심전도 데이터와 나이, 성별 등의 데이터를 AI 기술로 분석, 채혈 없이도 빈혈의 진단과 수치까지 파악할 수 있음을 밝혔다.

연구 개발의 결과는 헬스 케어 업계 최고 수준의 지적 재산권에서도 드러난다. 2021년 현재 국내 특허, 실용신안, 상표, 디자인 등 총 2,760건을 출원했고 이 중 1,630건이 등록됐다. 또한 특허청에서 발간한 〈2019 의료기기 특허 동향 분석〉 자료에 따르면 바디프랜드는 '치료 보조 기기' 분야 특허 출원 수에서도 전체 1위에 오른 바 있다.

안마의자는 최상의 헬스 케어의 플랫폼이다. 조그만 스마트 워치로도 여러 생체 신호를 체크할 수 있는데 안마의자야말로 온몸을 뉘이는 기기인 때문이다. 생체 신호를 체크, 진단하고 원격 진료까지 이어질 수 있는 가장 유력한 기기로 꼽히는 이유다.

현재 바디프랜드는 센서와 IoT로 생체 신호를 측정하는 제품 출시에 박차를 가하고 있으며, 여기서 추출되는 빅데이터를 AI 로 분석하는 기술은 세계적 수준에 도달해 있다. 온몸을 밀착 하는 안마의자의 특성을 살려 집에서 간편하게 생체 신호로 건 강 상태를 모니터링하고, 수집된 빅데이터를 AI 분석과 연계해 안마의자를 비대면 의료 서비스를 제공하는 플랫폼으로 삼는 것이다. 디지털 헬스 케어 로봇 기업을 꿈꾸는 바디프랜드의 행 보에 주목하는 이유다.

대표이사
**박석원**

## 테크로스

**학력**

| 1978 | 서울고등학교 졸업 |
|------|------------------|
| 1982 | 서울대학교 경제학과 졸업 |
| 2010 | 맥길대IMPM MBA 석사 |

**경력**

| 1982.01 | 금성 수출부문 입사 |
|---------|-------------------|
| 1999.03 | LG전자 뉴저지법인 상무보 |
| 2004.01 | LG전자 경영관리팀장 상무 |
| 2006.01 | LG전자 전략기획팀장 부사장 |
| 2014.12 | LG전자 해외영업본부장 부사장 |
| 2018.04 | LG전자 자문 |
| 2019.01 | ㈜테크로스 사장 |

# 수처리 전문 환경 기업 테크로스

테크로스는 2000년 5월 한국과학기술연구원 벤처단지에서 창업한 수처리 전문 환경 기업이다. 테크로스는 자체 개발한 전기분해 기술을 이용해 전해수 소독 장치에 관한 특허를 취득한 뒤 육상 오·폐수 처리 사업에 첫발을 디뎠다. 2004년 국제해사기구IMO 해양환경보호위원회MEPC에서 '선박평형수 관리법'을 제정한 이후 선박평형수 처리 장치 개발에 본격적으로 착수했다. 기존에 개발했던 전해 소독 장치 기술을 선박평형수 처리 장치에 적용해 선박평형수 처리 장치 ECSElectro-Cleen™System를 개발한 테크로스는 2006년 세계 최초로 IMO 선박평형수 처리 장치에 대한 기본 승인을 얻기도 했다.

이후 2008년 IMO의 최종 승인과 우리나라 형식 승인을 시작으로, 일본·중국 등 국가 형식 승인을 비롯해 ABS, BV, RS, RINA 등 다양한 선급으로부터 순차적으로 형식 승인을 획득했다. 또한 미국 입항 시 필수적인 미국연안경비대USCG 형식 승인도 2018년 국내 최초로 발급받았다.

벤처 기업으로 시작한 테크로스는 제품에 관한 연구 개발을 진행하면서 국내외 고객들에게 제품 판매를 병행했다. 그러

111

테크로스는 현재 세계 1위의 선박평형수 처리 장치 제조업체다.

던 2010년, 테크로스는 한층 더 성장할 수 있는 도약의 기회를 맞게 되었고, 차츰 열리기 시작한 시장과 맞물려 매출 실적도 증가했다. 2009년 34억 원, 2010년 120억 원, 2011년 271억 원, 2012년 751억 원의 매출을 올리면서 성장세를 지속했으며 2020년에는 약 2,300억 원의 매출을 기록하며 지속적인 성장세를 이어갔다.

## 선박평형수 처리 장치 시장이 생성되다

환경에 관한 관심은 지금도 높지만, 2004년 당시 외래 생물종의 유입으로 해양 생태계 파괴는 물론 국가적인 비용 손실 문제도 심각해, IMO에서 선박평형수 관리법을 제정하게 되었다. 이 법안은 언젠가는 반드시 시행되어야 하지만, 추가 장비의 설치로 인한 비용 문제 등 관계자들 간 이해관계 속에서 오랜 기간 지지부진 이어지다 2016년 9월 드디어 비준되었고, 12개월 뒤 본격 발효되었다. 이 법안에 따라 새로 건조 중인 선박은 물론 전 세계에 운항 중인 기존 선박들 모두 선박평형수 처리 장치를 의무적으로 설치하게 되었다. 일찍부터 이 시기를 예측하고 준비해왔던 테크로스는 세계 최초의 선박평형수 처리 장치, ECS를 앞세워 순조롭게 신시장을 선점하기 시작했다.

## 테크로스 성장의 원동력 ECS

성장의 원동력은 테크로스가 개발한 선박평형수 처리 장치 ECS다. ECS는 전기분해 방식을 이용해 뛰어난 살균력을 갖췄고 신조선 및 한정된 공간의 기존선에서도 장착이 쉽다. 낮은 전력 소모, 간단한 운용 방법과 관리로 비용 절감까지 실현시킨 경제적인 제품으로 업계의 주목을 받고 있다.

ECS는 살균에 필수적인 차아염소산을 별도 장비에서 생성해

테크로스만의 원천 기술로 만들어진 선박평형수 처리 장치, ECS는 직접식 전기분해 원리를 이용해 선박평형수를 소독한다.

직접 투입하는 전통적인 전기분해와는 달리, 전수분해 방식으로 직접적 살균이 일어나도록 개발한 신기술을 적용했다. 선박에 유입된 선박평형수는 ECS를 통해 전위차에 의한 소독, 전기화학적 반응에 의해 순간 생성되는 라디칼에 의한 소독, 그리고 전기분해 시 발생하는 염소 성분이 잔존하면서 미생물의 재생을 차단하는 복합적인 방식으로 진행된다. 이 과정을 통해 보다 완벽한 소독이 가능하며, 제품 설치 및 운용·관리 또한 간편하다는 장점이 있다.

특히 ECS는 새로운 규제에 대응해 신시장을 겨냥하고 만든 제품이기도 하다. 2004년 IMO가 제정한 선박평형수 관리법은 이전까지 없었던 규제로, 이를 극복할 수 있는 장치 역시 없었던 상황이었다. 하지만 테크로스는 시장을 꿰뚫어보고 이전부터 연구해오던 전기분해 방식을 이용한 수처리 기술을 선박평형수 처리 장치에 접목해, 다른 업체보다 먼저 사업에 착수해 제품을 개발하는 데 성공했다. 특히 국내 순수 원천 기술을 바탕으로 만들었다는 점에서 의미가 크다. 세계 1위 조선 해양 강국이라는 명성과는 달리, 국내 상당수 업체들은 원천 기술 없이 해외 기술을 합작, 라이선싱하는 경우가 대부분이기 때문이다.

## 테크로스만의 원천 기술로 만든 선박평형수 처리 장치

테크로스는 직접식 전기분해 원리의 선박평형수 처리 장치 ECS 외에도, 2015년에는 간접식 전기분해 방식의 선박평형수 처리 장치, ECS-HYCHLOR ECS-Hychlor™ System도 개발해 각종 성능 테스트 및 승인 과정을 거쳐 2020년부터 본격적으로 판매하고 있다. 이처럼 제품 라인업을 다양화함으로써 고객의 니즈에 맞춰 구매할 수 있도록 선택의 폭을 넓혔다는 긍정적인 평가를 받고 있다.

전기분해 방식에서 가장 중요한 것은 바로 전극이다. 테크로스는 전극에 대한 각종 특허를 보유하고 있으며, 테크로스 제품에 적용하는 모든 전극을 자체 생산해 품질 관리 및 원가 절감에 힘쓰고 있다. 테크로스가 개발한 선박평형수 처리 장치는 IMO 법안보다 1,000배 강력한 살균 기준을 가지고 있는 미국 캘리포니아주의 SB497 법안도 만족시킬 정도로 성능이 뛰어나다. 공간이 제한된 선박 내 어디에나 설치가 용이한 콤팩트한 사이즈는 물론 낮은 전력 소모, 선박평형수 유입 시 단 한 번의 처리로 운용 시간 및 운용비용의 절감, 자동화 시스템 등의 장점도 가지고 있다.

## 운보다 착실한 준비가 성공 요인

부산에 대규모 공장을 둔 선박평형수 처리 장치 제조 기업인 테크로스는 2020년 겹경사를 누렸다. 중소벤처기업부가 집계하는 '2020 벤처 1,000억 기업'(2019년 매출 기준) 명단에도 이름을 올렸다.

박석원 테크로스 대표이사는 "금탑산업훈장을 받은 게 무엇보다 큰 영광이다. 외형적 성장과 더불어 기업 활동의 질도 우수하다는 점을 인정받았기 때문이다. 임직원이 열심히 노력해 이

2018년 USCG 승인 관련 일본 로드쇼(왼쪽)와 싱가포르 로드쇼(오른쪽).

뤄낸 성과지만, 운도 따른 것 같다"라고 말했다.

테크로스의 성장 과정을 들여다보면 운보다 착실한 준비가 성공 요인이었다는 점을 알 수 있다. 테크로스는 선박평형수 처리 장치 시장에서 세계 1위 기업으로 자리 잡으면서 2010년 120억 원이었던 매출이 2020년 2,300억 원으로 10년 새 19배나 급증했다.

선박평형수는 선박의 균형을 잡기 위해 싣는 바닷물이다. 미생물을 포함한 선박평형수가 다른 지역 해양에 버려지면서 생태계를 교란하는 주범으로 지목되자 IMO가 2004년 평형수관리협약을 채택했다. 2024년까지 모든 선박은 미생물을 살균하는

테크로스는 부산에 대규모 공장을 둔 선박평형수 처리 장치 제조 기업이다.

처리 장치를 의무적으로 설치해야 한다.

테크로스는 이 협약이 발효된 2017년보다 11년 앞선 2006년 세계에서 처음으로 IMO로부터 평형수처리 장치 기본 승인을 받는 등 시장을 선점해 글로벌 톱에 올라섰다.

박석원 대표는 "당시 기업 규모로 볼 때 조금 무리하다 싶을 정도의 대규모 투자를 진행해 생산 기반을 갖추고 해외 영업·서비스망을 강화했다. 업계 상황이 좋지 않으면 협약 발효가 연기될 수 있기 때문에 투자를 미룰 수도 있었지만, '큰 시장이 올 것이다'라는 확신이 있었다. 이렇게 시장을 선점하고 납품 실적, 영업 노하우 등이 쌓이면서 경쟁사가 넘볼 수 없는 자산이 됐다"라고 설명했다.

## 세계 최초의 친환경 기술로 녹색 성장을 이끌다

한편, 테크로스는 세계 최초의 친환경 기술을 바탕으로 녹색 성장을 이끌고 있는 업체이기도 하다. 2010년에는 업계 최초로 초대형 원유 운반선에 제품을 설치했다. 많은 업체가 선박평형수 처리 장치를 개발하고 있었으나, 초대형 원유 운반선과 같이 대형선에 설치할 만한 대용량의 선박평형수 처리 장치를 만들 수 있는 경험이 전무했던 상황이었다. 하지만 테크로스는 용량에 맞춰 조합이 가능한 ECS를 통해 대용량으로 제작하는 것이 가능했으며 선상에 별도의 룸Room을 만들어 모든 장비를 패키지로 구성해 설치함으로써 설치는 물론 유지 보수까지 수월하게 처리 가능했다.

2009년에는 일본 고객에게 세계 최초로 방폭형 제품을 설치하기도 했다. 폭발 위험이 있는 탱커에서는 방폭 사상이 적용된 제품이 필수적이지만 개발에 상당한 어려움이 있었다. 하지만 국내 원천 기술을 바탕으로 어려움을 극복하고 방폭형 제품 설치에 성공한 테크로스는 업계에 신선한 반향을 불러일으켰다. 박석원 대표는 "테크로스는 업계 최초로 방폭형 선박평형수 처리 장치를 납품하고 VLCC(초대형 원유 운반선)에 제품을 설치하는 등 다양한 성과를 거뒀다"라고 설명했다.

2011년에는 제3회 국가녹색기술대상에서 테크로스의 ECS가 올해의 녹색기술로 선정되기도 했다. 국가녹색기술대상은 녹색기술에 대한 정부 차원의 대표적인 포상 제도로 기술적 성과와 경제적 효과가 뛰어난 우수 녹색기술을 선정하고 포상하는 시상이다.

이 시상에서 테크로스의 ECS는 해양 생태계 파괴의 주요 원인으로 지목되고 있는 선박평형수를 효과적인 방법으로 처리하는 기술력을 개발했다는 점에서 높은 평가를 받았다.

이렇듯 친환경 산업이 발전하고 있는 가운데 조선 업계에서도 그린십Green Ship 시장이 성장할 것을 예상한 테크로스는 해외 시장 공략에 적극 나섰다. 해양 환경을 지키는 선박평형수 처리 장치 기술력을 인정받아 국내외 메이저 조선소는 물론 세계 유수의 대형 선사들로부터 연이은 계약들을 성사시킨 것이다.

대표적인 사례로 일본 최대 정유회사인 'JX Tanker'와의 계약이 있다. JX Tanker는 해양 환경 보전을 위한 환경 품질 방침의 일환으로 선박에 선박평형수 처리 장치를 탑재하기 시작했고, 초대형 유조선 선박에 설치할 선박평형수 처리 장치 설치를 위해 총 3차례에 걸쳐 면밀하게 업체를 검토했다. 그리고 최종적으

테크로스는 VLCC와 대형 벌커선에 세계 최초로 선박평형수 처리 장치를 장착했으며 방폭형 선박평형수 처리 장치를 개발해 탱커에 설치하기도 했다.

로 테크로스의 ECS를 선택했다. 살균 능력 및 안전성 측면에서 도 높은 평가를 받은 결과였다.

또한 ECS는 2011년 12월 지식경제부로부터 신제품 인증을 받기도 했다. 신제품 인증은 국내에서 최초로 개발된 기술 또는 이에 준하는 대체 기술을 적용한 제품을 정부가 인증하고 판매를 지원해 기업의 기술 개발을 촉진하기 위해 만들어진 제도다. 신제품 인증으로 제품의 우수성을 입증한 테크로스는 2013년 4월, 해양수산부와 차세대 선박평형수 처리 장치를 개발하는 기술 개발 협약을 체결하는 쾌거를 이루기도 했다. 해양수산부는 빠르게 변하는 국제 환경 규제와 시장 변화에 신속하게 대응하기 위해 5년간 120억 원의 예산을 투입해 테크로스를 차세대 선박평형수 처리 장치 개발업자로 선정한 것이었다.

이렇게 제품의 우수성을 무기로 테크로스의 매출은 국내뿐 아니라 중국·일본을 비롯한 유럽·미주 등 해외에서도 증가하고 있다. 특히 우리나라와 가까운 일본에서 테크로스가 절반이 넘는 점유율을 차지하고 있을 정도로 점유율이 높다. 하지만 테크로스의 성장은 여기서 멈추지 않는다. 선박평형수 처리 장치 시장은 일반적으로 고객의 필요에 의해 자연스럽게 생기는 시장에 비해, 선박평형수 처리 장치 시장은 국제기구의 규제로 불가피하게 생성된 시장이라 그 잠재력은 무한하다.

수요가 늘어날 시장을 대비해 테크로스는 작은 문제점이라도 놓치지 않고 차세대 제품에서 불편 사항들을 개선시킬 수 있도록 노력하고 있으며, 동시에 기존선 시장을 겨냥해 전문 인력을 채용하는 데도 노력을 게을리하지 않고 있다.

## 독보적으로 시장을 선점한 테크로스 실적

이처럼 독보적이라고 할 수 있는 뛰어난 기술로 선박평형수 처리 장치 시장을 선점하고 있는 ECS는 2021년 현재, 2,700여 척의 수주와 그중 2,200여 척에 설치 완료 실적을 이루었다. 2020년 약 3,000억 원에 육박한 매출을 기록한 테크로스는 무역의날 행사에서 1억불 수출의탑과 금탑산업훈장까지 수상했다. 이는 그동안 주요 조선 기자재들의 원천 기술 확보가 미비한 국내에서 얻은 쾌거라고 할 수 있다. 물론 선박평형수 개발 및 IMO 최종 승인 인증을 진행하는 데 유럽의 조선 기자재 선진국들의 심한 견제도 있었다. 하지만 이에 굴하지 않고 테크로스는 기술 발표, 주요 전시회 및 세미나 발표 등을 통해 국내 기술의 우수성을 소개하는 데 최선을 다해왔다. 이를 통해 기업 홍보뿐 아니라 국내 기술의 우월성과 국가 브랜드 이미지 향상에도 기여했으며, 미래 산업인 조선 및 해양 환경 분야에서 기술 독립이 가능함을 보여주기도 했다.

## 신사업으로 확장하다

테크로스는 선박평형수 처리 장치의 성능 개선뿐만 아니라 해양 환경 보호를 위한 신사업으로의 사업 영역 확장도 게을리하지 않는다. 2021년, 테크로스는 전기분해 방식의 수처리에서 필수불가결한 농도를 측정할 때 혼탁한 수질에서도 정확한 TRO~Total Residual Oxidant~(잔류 산화제)를 측정할 수 있도록 탁도 영향을 최소화하는 탁도 보정 기술을 개발했다.

전기분해 수처리의 경우, 일정한 수준의 살균 능력을 유지하고 잔류 염소(산화제) 농도를 측정하는 과정이 반드시 필요하다. 이 측정치에 따라 전력 수준 인가와 중화제 사용량을 결정할 수 있기 때문이다. 전기분해 방식의 선박평형수 처리 장치 역시 예외일 수 없다. 특히 수영장같이 고정된 공간에서의 비교적 맑은 수질을 측정하는 게 아니라 전 세계 항만을 돌아다니는 선박은 어떤 척박한 환경에서도 일정한 성능을 보장하는 장비가 중요하다.

테크로스의 신기술은 선박용, 특히 중국 상하이와 같이 탁도가 높은 지역을 운항하는 선주와 수질을 검사하는 기관들에게 좋은 대안이 될 것으로 예상된다. 테크로스 자체 시험 결과, 매우 혼탁한 수질인 850NTU(탁도 단위)에서도 정확도가 대폭 개선돼 탁도가 높은 지역에서 TRO 측정 오류를 줄여 전력 소모가 개선될 것으로 예상되기 때문이다. 신기술은 테크로스 원천 기술로 대한민국 특허 출원까지 완료돼 현재 최종 성능 테스트를 진행하고 있다. 2021년 5월경 해당 시험과 승인 작업을 모두 완료해 시장에 선보일 예정이다.

이에 만족하지 않고 테크로스는 선박평형수 관리법 같은 국내외 환경 법규를 철저하게 지키면서 시장 트렌드에 기민하게 반응해 향후 관련 법안이 제정될 가능성이 높은 신시장을 면밀하게 주시하고 있다.

일환으로 선체에 부착한 바이오파울링을 방지하거나 처리하는 기술 및 장치에 대한 사업을 개시하게 되었다. 바이오파울링Biofouling이란 액체와 접촉하고 있는 인공 구조물의 표면에 박테리아 같은 다양한 물질 및 수생 미생물이 쌓여 구조물이 부식되거나 움직이기 어렵게 되는 현상을 말하는데, 이 바이오파울링 문제로 인해 해양 생태계가 오염되거나 선체의 무게를 늘려 연료비를 증가시키는 등 환경에 좋지 않은 영향을 미치고 있다.

그래서 IMO에서도 선박부착생물에 의한 외래 위해종 이동 저감을 위한 관리 및 제어에 대한 가이드라인을 공포하는 능 관련 법규 제정도 시간문제로 예측되는 가운데, 테크로스에서도 2020년 말, 한국 및 일본 4개 선사와 협약을 맺고 바이오파울링 방지·처리 사업에도 본격 진출했다.

박석원 대표는 "운항 효율이 떨어지면 연료 사용이 증가하고, 결국 환경 오염으로 연결된다. 지난해 IMO가 바이오파울링 방

테크로스는 세계 5대 조선해양기자재 전시회 가운데 2019국제조선및해양산업전Kormarine과
2019상해조선기자재전시회MarintecChina에 참가했다.

지 가이드라인을 공표해 향후 평형수처럼 강력한 환경 규제 대
상이 될 수 있다"며 "이와 함께 평형수 처리 장치의 기술을 활용
해 탄소 배출이 없는 수전해 방식의 수소 생산도 연구 중이다.
생태계 파괴를 막는 기업이라는 사명감을 갖고 지속해서 환경
분야 사업 영역을 확장하겠다"라고 강조했다.

## 종합 환경 기업으로 도약하다

이렇게 선박평형수 처리 장치 시장에서 크게 성공한 테크로스
는 2019년 말 LG전자 자회사였던 테크로스워터앤에너지(LG히

타치워터솔루션)와 테크로스환경서비스(하이엔텍)를 인수해 사업 영역을 확장시켰다. 양사는 초순수 산업용수 공급, 폐자원 활용, 신재생 에너지 보급 등 환경 분야에서 설계·조달·시공EPC 운영 관리O&M 사업을 영위하고 있어, 환경 기업을 목표로 하는 테크로스와 결이 잘 맞았다.

테크로스가 지금까지 조선 해양 산업에서 환경 보호에 앞장섰다고 하면, 이제는 육상수 처리는 물론 재이용, 신재생 에너지 분야를 아우르는 종합 환경 기업으로의 성장을 꾀하고 있다. 2021년 현재, 3사는 공통되는 부분에서는 서로의 노하우를 주고받으며 시너지를 낼 수 있도록 운영 체제를 정비해 나가고 있다. 이와 더불어 기술과 사람의 융합을 통해 인류와 환경에 기여한다는 테크로스의 가치관 아래 신뢰, 전문성, 도전, 즐거움이라는 핵심 가치에 맞춰 더 나은 회사로 나아갈 수 있도록 고무시키고 있다.

기술이 발달할수록 폐기물 처리 문제가 대두될 것이고, 한정된 자원을 효율적으로 사용할 수 있는 방법 또한 산업계의 주요 이슈로 떠오를 것이 확실한 상황에서, 종합 환경 기업으로 변모한 테크로스가 산업계에 다양한 솔루션과 서비스를 제공할 수 있을 것으로 기대를 모으고 있다.

회장
**박용철**

## 호전실업

학력
1961.02    대전고등학교 졸업
1969.02    동국대학교 식품공학과 졸업

경력
1971.05    화영식품 영업부 입사
1976.11    국향산업 김해공장장
1985.02    대용상사
1985.03    호전실업 창업
2001.11    대용무역 설립
2008.04    인도네시아 자카르타 지사 설립
2018.01    IBK 최고경영자클럽 회장
현재        호전실업 대표이사 회장

# 스포츠웨어 및 아웃도어 의류 전문 OEM 업체 호전실업

호전실업은 특수 기능성 아웃도어 의류와 스포츠 의류를 전문적으로 생산하는 기업이다. 1985년 설립해 여성 정장 생산을 시작으로 의류 생산을 시작했고, 1991년 처음으로 인도네시아에 생산 기지를 설립해 현재 1만 4,000여 명 임직원이 서울 본사 및 인도네시아 5개, 베트남 1개 생산 공장에서 일하고 있다. 2003년부터 변화를 꾀해 스포츠 의류에 진출했고, 2007년 노스페이스 The North Face를 시작으로 특수 기능성 아웃웨어를 전문적으로 생산하는 기업으로 성장했다. 2020년 현재 노스페이스, 언더아머Under Armour, 갭 아스레타Gap Athleta, 보그너Bogner 등 글로벌 톱 브랜드를 포함해 20여 개의 세계적인 브랜드에 의류를 공급하고 있다.

호전실업이 생산하고 있는 의류는 고기능성 우븐 의류로서 공정이 복잡하고 높은 숙련도를 필요로 하는 복종이어서 일반 의류에 비해 높은 부가 가치를 창출할 수 있는 특징이 있다. 특히 고기능성 의류는 복잡한 공정과 전문 설비, 높은 숙련도의 엔지니어링 인력이 필요해 세계적으로도 할 수 있는 기업이 많지 않다. 애슬레저를 비롯한 스포츠 의류 또한 신축성 있는 스

YONGJIN JAVASUKA GARMENT III를 설립하고 아웃도어 의류 전용 공장으로서 3공장까지 증설하며 지금까지 운영하고 있다.

트레치성 원단에 대한 가공 노하우가 필요한 영역이라 부가 가치가 높다.

  호전실업은 회사 설립 초기부터 해외 시장을 중심으로 사업을 시작했고 해외 시장에서 성장에 필요한 모든 밑바탕을 마련해왔다. 특히 1980년대 후반부터 국내 시장의 경영 환경이 나빠지자 적극적으로 해외 생산 기지를 확보하는 전략을 택해 중국이 아닌 인도네시아를 거점 국가로 선택한 점이 주효했다. '저임금 노동력'보다는 '숙련된 노동력'을 통해 생산성을 높이는 전략을 추구해왔다. 이 결과 호전실업은 숙련 노동을 기반으로 고기능, 고부가 가치 상품에 집중할 수 있었다.

팀웨어라는 틈새시장을 공략하고 거의 모든 거래처를 확보해 다품종 소량 생산 및 특수 로고를 붙여야 하는 까다로운 거래들을 성공적으로 수행하면서 다양한 고객으로부터 신뢰를 쌓을 수 있었다.

## 생산 설비에 적극 투자해 품질 신뢰도를 구축하다

호전실업이 제조에 필요한 다양한 생산 설비에 대한 적극적인 투자를 통해 높은 품질 신뢰도를 구축한 것 역시 중요한 성공 요인이다.

스포츠 팀웨어의 원스톱 생산 체제 구축과 아웃도어 라인의 과감한 설비 투자는 대형 바이어로부터 추가 주문을 꾸준히 확보하는 데 크게 기여했다.

2020년 코로나19의 세계적인 대유행으로 인한 경기 침체에도 호전실업의 매출 축소가 최소화될 수 있었던 요인은 신규 거래처 발굴을 위한 끊임없는 노력에 있다. 대형 바이어의 주문 축소로 인해 그 어느 때보다 어려운 한 해가 예상됐지만, 코로나19 영향이 비교적 적은 지역의 바이어 발굴과 애슬레저 분야 바이어 확대는 호전실업의 가까운 미래 성장에 대한 밑거름이 되었다.

호전실업은 현재 스포츠웨어 및 아웃도어 의류 전문 OEM 업체로 자리매김했지만 원래 출발은 여성 정장에서 시작했다. 처음부터 수출을 목표로 삼았던 호전실업은 당시 섬유 쿼터 규제를 받지 않는 일본의 이토추伊藤忠상사를 통해 여성복을 납품했다. 사업 초기에는 대전에서 공장을 운영했지만 1980년대 후반 들어 임금 상승에 섬유·의류 산업 사양화로 인한 인력 공급 부족 현상까지 겪으면서 해외 생산 기반 구축에 나섰다. 1991년 인도네시아 현지 의류업체인 카웰Karwell과 합작법인PT.Kahoindah Citragarment(이하 Kaho)을 세우고 자카르타에 공장(Kaho 1공장)을 설립했다.

이처럼 호전실업은 사업 초창기부터 장기적 관점에서 국제화를 추구해 1993년 리복Reebok(2006년 아디다스에 인수)에 운동복 Tracksuit을 납품하며 스포츠웨어 시장에도 발을 들여놓았다. 이어 1994년에는 운동복을 전문적으로 생산하기 위해 아예 카호 Kaho 2공장을 세우고 10여 년간 여성 정장과 스포츠웨어 생산을 병행해 나갔다.

호전실업은 2003년 나이키에 의류 공급을 시작하면서 스포

호전실업 자회사인 PT.HOGA REKSA GARMENT. 30개 라인 2,000여 명이 근무하고 있다.

츠웨어를 본격적으로 시작하게 된다. 대학 농구팀의 팀웨어 공급을 시작으로 다품종 소량 생산을 특징으로 하는 스포츠 팀웨어의 틈새시장을 공략해 국내에서는 유일하게 미국의 MLB, NBA, NHL, NFL 등 인기 스포츠리그 팀복을 공급하게 된다.

호전실업은 2007년 노스페이스에 의류 공급을 시작으로 아웃도어 의류 시장에 진출하게 된다. 이를 위해 인도네시아에서 아웃도어 브랜드에 OEM 생산을 하던 현지 봉제 공장을 인수해 PT.Yongjin Javasuka Garment을 설립하고 아웃도어 의류 전용 공장으로서 3공장까지 증설하며 지금까지 운영하고 있다.

이후 2009년 갭 아스레다, 2011년 언더아머에 공급을 시작하며 호전실업은 아웃도어 및 스포츠웨어 전문 생산 업체로 자리 매김했다. 최근 코로나19 확산과 더불어 전 세계적인 패션·의류 산업의 침체기에도 불구하고 호전실업은 룰루레몬Lululemon, 안 다르Andar 등의 성장성이 높은 애슬레저 분야 바이어를 추가해 장기적 성장을 위한 발판을 마련하고 있다.

박용철 회장은 '남들이 하기 어려운 것을 잘해야 성공할 수 있고 오래 갈 수 있다'는 경영 철학으로 스포츠 팀웨어 분야에 뛰어들어 다품종 소량의 틈새시장에 성공적으로 진출한 바 있 다. 인지도가 없었던 호전실업에서 대부분 업체가 기피하는 주 문을 훌륭하게 수행하며 팀웨어를 대량으로 생산할 수 있는 역 량을 통해 차별화된 경쟁력을 확보할 수 있었다.

또한 박용철 회장은 값싼 노동력을 기반으로 하는 단순한 의 류 OEM에서 탈피해 높은 숙련도와 손기술을 필요로 하는 의 류 영역으로 확대해야 한다는 것을 판단하고 고기능성 아웃도 어 의류 영역에 진출했다.

한 벌의 의류를 만들기 위해 200조각에 달하는 재단물과 340여 개의 공정이 필요한 아웃도어 의류 생산을 위해 과감한 투자를 통해 이를 위한 경쟁력을 갖추게 되었다. 그 결과 세계적 인 아웃도어 전문 브랜드인 노스페이스 내 두 번째로 큰 규모의 의류 공급 업체로 성장했고 이러한 성장으로 2019년에는 해당 브랜드에만 1억 달러 가까운 매출을 기록했다. 또한 세계적인 아웃도어 브랜드에서 지속적으로 호전실업에 의류 공급을 원하고 있으며, '카트만두KATHMANDU', '무스너클MOOSE KNUCKLES' 등 신규 공급 브랜드가 늘어나고 있다.

## 의류 생산에 적합한 숙련도와 기술을 확보하다

호전실업은 특수 기능성 아웃도어 의류 생산에 적합한 숙련도와 기술을 확보하고 있다. 최대 300공정 이상의 고도화된 생산공정에 대한 노하우를 보유하고 있고, 전문 설비와 엔지니어링 인력을 보유하고 있다. 대표적인 예로 아웃도어 의류의 기능성 구현을 위해 심실링(봉제선 방수 처리를 위해 박음질 부위에 테이프를 덧대는 공정), 웰딩(봉제 없이 특수 접착제를 이용해 재단물을 붙이는 공정), 본딩(특수 접착제를 활용해 앞뒤로 붙이는 공정) 등의 장비와 이에 대한 노하우를 보유하고 있다.

또한 고주파를 이용한 무봉제 접합 장비와 기술을 이용해 제품의 기능성과 함께 디자인적 요소를 극대화할 수 있는 기술을 확보함으로써 바이어의 요구에 유연하게 대처할 수 있다. 이외에

호전실업은 특수 기능성 의류 생산에 적합한 숙련도와 기술을 확보하고 있다.

도 35년이 넘는 의류 생산 경험을 통해 다양한 복종에 대한 넓은 생산 범위와 노하우를 갖고 있다.

박용철 회장은 호전실업 창립 초기부터 회사의 성장 방향을 글로벌 수출에 두고 시장의 변화에 유연하게 대처할 수 있는 전략을 수립하고 실천해왔다.

2000년대 초반 스포츠 팀웨어에 대한 수요 예측과 더불어 남들이 하기 꺼려 하는 팀복에 대해 과감한 결단으로 성공적인 시장 개척을 이뤄낼 수 있었고, 여성복 중심에서 스포츠웨어 전문 기업으로 탈바꿈하는 데 성공할 수 있었다.

2007년 아웃도어 의류를 시작할 당시 주변에서는 "무모한 도박이다", "망하려고 작정을 했다" 등 우려가 컸지만, 박용철 회장은 봉제 산업에도 조만간 대형 업체 위주로 승자 독식 현상이 두드러질 것이라고 봤기 때문에 투자를 밀어붙였다. 또한 글로벌 업체를 대신해 소싱을 대행해주던 에이전트가 사라지고 소수의 믿을 만한 OEM 기업을 바이어가 직접 관리할 것이라 판단하고 기술력을 갖춘 대형 OEM 업체로 거듭나기 위해 과감히 증설을 결정해 대형 바이어로부터 인정받을 수 있었다.

이러한 시장 변화에 대한 빠른 판단과 과감한 투자는 호전실업에 성공적인 품목 전환과 함께 세계적인 의류 전문 기업으로 성장할 수 있는 밑거름이 되었다.

## 의류 전문 플랫폼과 스마트팩토리를 구축하다

박용철 회장은 한국이 의류 강국으로 다시 자리매김하고 일자리 창출에 기여하기 위해 호전실업이 국내 의류 산업의 중심이 되어 100년 기업으로 거듭나는 것을 비전으로 삼고 있다.

이를 위해 박용철 회장은 의류 전문 플랫폼 구축과 스마트팩토리 개발을 통해 온라인 중심의 다품종 소량 생산 체제로 바꿔고 있는 새로운 문화에 빠르게 대응해갈 계획이다. 호전실업이 이러한 신기술과 이를 접목한 제품을 직접 세계 시장에 공급함으로써 글로벌 시장을 확대할 계획이 있다. 이렇게 되면 세계에 흩어져 있던 의류 생산 공장이 다시 국내로 들어오고 한국이 의류 산업의 선두주자로서 다품종 소량 생산을 모태로 자리매김하는 의류 강국이 될 수 있다고 확신하고 있다.

박용철 회장은 남이 하지 않는 신기술 접목을 통해 세계 시장 진출 확장과 다품종 소량 주문을 확대할 수 있는 진정한 무역회사로 자리매김하겠다는 포부를 갖고 있다. 호전실업의 비전은 박용철 회장의 비전과 동떨어져 있지 않다. 의류 전문 플랫폼과 스마트팩토리 기술을 이용한 생산 혁신을 통해 의류 분야 전문성을 강화할 예정이다.

호전실업이 추구하는 의류 전문 플랫폼은 생산뿐 아니라 의류 유통의 전 과정을 하나의 플랫폼에서 구현할 수 있다는 장점이 있다. 디자이너·유통업자·원부자재·로지스틱 등 의류 관련 모든 사람과 업종이 호전실업의 플랫폼에 참여해 자유롭게 주문·생산·거래를 할 수 있다.

의류 스마트팩토리 기술을 활용한 생산 자동화를 통해 저렴한 인건비를 중심으로 하는 동남아 등의 생산 기지 의존을 탈피하

다품종 소량 생산을 모태로 자리매김하는 의류 강국을 꿈꾸는 호전실업.

고 소비 중심 지역에 무인 자동화 공장을 설치함으로써 생산자와 소비자의 거리를 더욱 좁힐 수 있는 기반을 구축할 예정이다.

이렇게 의류 전문 플랫폼과 스마트팩토리를 활용해 다양한 소비자의 취향을 만족시키고 수요자와 공급자를 바로 연결해줄 수 있는 무역회사로 성장하는 것이 호전실업의 목표다.

## 개인의 역량 강화가 곧 회사의 경쟁력

박용철 회장 이하 호전실업의 전 임직원 모두는 지난 35년간 오직 의류를 위한 사명감과 애사심으로 수많은 어려움을 슬기롭

의류 설비 중 하나인 심실링기.

게 극복해왔다. 2020년 코로나19의 세계적인 확산으로 인한 바이어의 잇따른 주문 취소에도 임직원 모두가 투철한 사명감으로 노력한 끝에 매출 감소를 최소화시킬 수 있었다.

호전실업은 전 임직원이 수평적 관계에서 자유로운 의견 개진을 통해 업무 혁신을 이끌어낼 수 있도록 노력을 아끼지 않고 있다. '혁신 제안' 제도를 통해 제안에 대한 적절한 보상을 지급하고 있으며, 코로나19로 인한 실적 악화에도 다양한 자기계발을 위한 프로그램과 지원은 적극적으로 실시하고 있다.

박용철 회장은 개인의 역량 강화가 곧 회사의 경쟁력으로 연결됨을 강조하고 이를 위해 자유롭게 소통할 수 있는 기업 문화

의류 설비 중 하나인 자동 커팅기.

가 정착될 수 있도록 지속적으로 노력하고 있다. 박용철 회장은 글로벌이란 공급자와 소비자가 유기적으로 통합된 하나의 시장 이라고 생각한다.

## 변하는 의류 패러다임을 예리하게 통찰하다

지금까지 세계 의류 시장은 거대한 공룡 브랜드의 주도로 특정 지역에 있는 생산자에 주문하고 소비자는 그렇게 생산된 의류 를 온·오프라인을 통해 구매하는 구조로 이어져왔다. 특정 브랜 드와 지역에서 대량 생산된 의류로 소비자는 개개인의 개성과 특징에 맞는 의류를 착용하는 데 한계가 있어왔다.

그러나 현재와 미래의 세계 의류 시장은 소비자 개인의 취향과 개성이 존중되고 이에 맞는 의류 공급이 가능한 공급자만이 살아남을 수 있는 시장으로 바뀌어가고 있다.

IT 기술의 발전은 소비자가 스스로 본인의 개성을 살릴 수 있는 의류를 AI를 통해 확인하고 이를 공급자와의 직접 소통을 통해 주문 가능하게 했다. 또한 미국에 있는 소비자가 한국에 있는 디자이너 의류를 쉽게 찾아 주문하는 등 국경과 거리의 개념도 무너지고 있다.

호전실업은 이러한 세계 시장의 판도 변화를 예견하고 진보된 IT 기술 접목을 통해 글로벌화를 선도하기 위해 준비하고 있다. 전 세계 의류 관련 산업을 통합할 수 있는 플랫폼과 스마트팩토리 기술은 의류 업계와 나아가 모든 산업의 '글로벌화'를 앞당길 수 있다고 확신한다.

박용철 회장은 오늘날 대한민국이 세계적인 IT 강국이 된 근간에는 노동집약적 산업이 있다고 강조하고 있다. 1970년대 의류·신발 등 노동집약적 산업, 즉 우수한 노동력과 경쟁력 있는 제조 경비로 한때 전 세계 최고의 생산 및 수출국으로 등극했고, 이를 통해 조성된 자본으로 중공업 산업 발전을 거쳐 현재의 IT 강국으로 성장해 대한민국 경제의 버팀목이 되고 있다.

그러나 IT 및 서비스 산업의 발전은 상대적으로 노동집약적 산업의 일자리 축소와 이로 인한 소득 격차 확대 등의 부작용도 수반하고 있다. 따라서 미래의 대한민국은 현재의 산업과 일자리 창출을 극대화할 수 있는 의류·신발 등의 노동집약적 산업이 모두 발전함으로써 경제 전반에 걸쳐 균형 있는 성장을 가져올 수 있다.

과거의 세계 의류 시장은 나이키, 아디다스 등 막강한 브랜드 파워를 갖춘 거대 유통 기업을 통한 소품종 대량 생산과 소비자의 오프라인 매장을 통한 구매로 유통이 이뤄져왔다. 이로 인해 우리나라의 해당 산업은 인력난이 심화되고 경쟁력을 상실해 극심한 정체기에 놓여 있다. 현재는 브랜드 파워보다 소비자의 개성과 취향이 존중되고 다품종 소량 생산과 온라인을 중심으로 모든 유통 시장의 패러다임이 빠르게 변하고 있다.

따라서 박용철 회장은 IT 강국 대한민국에서 IT와 AI, 로봇 등을 이용해 소량 생산에 최적화된 소형 공장을 통해 전 세계 소비자의 기호에 맞는 제품을 공급함으로써 다시 한번 세계 최강의 생산 및 수출 국가로 도약하고, 수많은 일자리 창출을 통해 대한민국 경제 발전에 기여할 수 있다고 강조하고 있다.

# 송창근

## KMK글로벌스포츠그룹

**학력**

| | |
|---|---|
| 1978 | 대전 충남고등학교 졸업 |
| 1985 | 울산대학교 기계공학과 졸업 |

**경력**

| | |
|---|---|
| 1990~현재 | KMK GROUP 회장 |
| 2009~2013 | 재인도네시아 한국신발협회 1·2대 회장 |
| 2009~현재 | 아시아한상연합회 부회장 |
| 2013~현재 | 재인도네시아 한인상공회의소 회장 |
| 2014~현재 | 세계한상대회 리딩 CEO |
| 2015~현재 | 제14차 세계한상대회 대회장 |
| | 제17기 민주평화통일자문회의 아세안 지역 부의장 |

**상훈**

| | |
|---|---|
| 2000 | 대한민국 국민포장 |
| 2001 | 인도네시아 대통령 표창 |
| 2007 | 인도네시아 대통령 표창(여성 근로자들이 가장 일하기 좋은 회사) |
| 2011 | 대한민국 국민훈장(석류장) |
| 2012 | 인도네시아 대통령 표창(여성 근로자들이 가장 일하기 좋은 회사) |
| 2015 | 재외동포신문 올해의 인물상(한인 경제 부문) |
| | 제6회 월드 코리안 대상(국가 브랜드 부문) |

**KMK GROUP**

KMK글로벌스포츠그룹은 1989년 인도네시아에서 설립된 기업으로 나이키, 컨버스, 헌터 등 세계적인 브랜드의 풋웨어 Footwear를 제조하고 있다.

인도네시아 로컬 스포츠 슈즈 브랜드인 이글과 고무재생센터 Rubber Recycling Center 등 총 6개 사업체로 구성되어 있으며 약 2만 명의 종업원이 일하는, 연 매출 2억 5,000만 달러 규모의 글로벌 기업이다.

KMK는 1989년 전신이었던 KMJ로 설립된 이래 25년간 글로벌 스포츠 신발 제조업체로써 끝없는 혁신과 개선을 통해 고객에게는 최상의 품질을 제공하고 내부적으로는 직원으로부터 사랑과 신뢰를 쌓는 인간 중심 경영을 실천하는 기업이다.

1989년 아디다스와 리복으로 시작해 1995년 세계적인 브랜드 나이키 신발 생산, 지금까지 20년간 특수화 신발(포화 신발 1위)을 개발, 생산하고 있다.

2000년 사명을 KMK Global Sports로 변경하고 기존의 신발 공장 이미지를 완전히 탈피하는 현대적인 시설의 친환경 공장 'K1'을 설립했다. 2001년에는 아시아 최초로 컨버스 브랜드 신발을 생산하는 업체로 지정되어 현재의 컨버스가 최고의 브랜드로 재탄생되는 인큐베이터의 역할을 담당했다.

신발 업계의 퍼스트 무버, KMK글로벌스포츠그룹 본사와 생산 전경.

2006년 인도네시아 로컬 스포츠 슈즈 브랜드인 이글을 인수해 주문자상표부착OEM 방식 사업에서 자체 브랜드로까지 영역을 넓혔다. 현재 이글은 내수 시장에서 선두권 스포츠 브랜드로 자리매김하고 있다.

2011년 KMK는 인도네시아 최초로 영국 프리미엄 패션 브랜드 헌터를 생산하기 시작했다. 20년간 축적된 신발 개발, 생산 노하우를 바탕으로 단기간 내 헌터 브랜드의 메인 생산 기지로서 발돋움했고 스포츠 신발, 샌들, 부츠까지 사업 영역을 다각화하며, 글로벌 스포츠 풋웨어 제조업체로서 보다 확고히 자리매김했다. 2016년 현재 약 2만 명의 현지 종업원 그리고 연간 약 2억 5,000만 달러의 매출을 내는 기업으로 성장했다.

KMK는 2017년 인도네시아 중부 자바 지역에 신공장을 확장 건설해 미래형 제조업체를 선도하고 있다. 2020년까지 중부 자바 지역에 4차 산업혁명의 기술과 연계된 신설 공장을 완공 준비 중이며 신발 업계의 퍼스트 무버First mover로의 도약을 준비 중이다.

## 인도네시아 신발 산업의 선구자

KMK글로벌스포츠그룹은 1989년 설립 이후 지난 25년간 인도네시아 신발 산업의 중심 역할을 해왔다.

송창근 KMK 회장은 1988년 단돈 300달러를 들고 인도네시아로 건너가 현지 기업인과 해외 바이어의 신뢰와 도움을 받아 신발 사업을 시작했다.

평소 송창근 회장은 '기업은 곧 사람' 즉, 인간 중심 경영 철학 Human Touch Management 을 바탕으로 정직한 경영을 해오고 있다. 1998년 국제통화기금IMF 외환 위기로 촉발된 인도네시아 폭동 당시 수많은 외국계 기업이 인도네시아를 떠났지만 송 회장은 종업원들을 위해 자리를 지켰으며 미국 바이어에게 직접 찾아가 종업원들의 목소리를 담아 호소함으로써 생산량을 유지하기

인도네시아 로컬 슈즈 브랜드인 이글 20주년 행사(왼쪽), 이글 브랜드 시게임협약(오른쪽).

도 했다.

"당신의 베이비Baby를 나에게 주면 우리 종업원들과 내가 부모가 자식을 키우듯 정성을 다해 키우겠습니다."

당시 송창근 회장이 나이키에 직접 찾아가 했던 이 말은 지금까지도 유명한 일화로 회자되고 있다.

2006년에는 인도네시아 자체 브랜드인 이글Eagle을 인수해 인도네시아 내수 시장 1위 브랜드로 성장시켰다. 2011년에는 세계적인 패션 부츠 브랜드 헌터를 인도네시아 최초로 생산해 현재까지 안정적으로 성장 중이다. 이처럼 KMK는 전 세계 3위 신발 생산국인 인도네시아에서 신발 산업의 발전을 선도하는 모범 기업으로 성장하고 있다.

## 인간 중심 경영으로 지역 사회서 존경받아

KMK글로벌스포츠그룹은 휴먼 경영으로 회사의 사회적 위상도 강화하고 있다. 대내적으로는 노사 간 협력을 위해 끊임없이 노력하고 있다. 송창근 회장은 종업원을 사랑하는 마음으로 회사 창립 이후부터 '기업은 곧 사람'이라는 핵심 가치를 강조해오고 있다. 인도네시아인들의 민족성을 고려해 한국 같은 수직적 조직 문화를 지양하고 가족 같은 분위기를 만들기 위해 임원진부터 사랑을 실천하고 있다.

송 회장을 비롯한 KMK 경영진은 종업원이 일하고 싶은 회사, 종업원의 목소리에 귀 기울이는 회사를 만들기 위해 종업원 거주 지역 방문, 명절 인사, 사내 병원과 이발소 등을 만들었으며 종업원을 위한 세심한 배려로 인도네시아 정부에서 선정한 여성들이 가장 일하고 싶은 회사로 2차례 선정되기도 했다.

특히 종업원 거주 지역 방문의 경우 송창근 회장은 1998년 처음 시작해 사업체별로 직원을 선정해 직접 방문해오고 있다. 송 회장이 방문하는 날은 그 마을의 큰 잔치가 열리는 날이다. 마을의 나이가 가장 많은 어른들부터 아이들까지 그 직원의 집 앞에 모여 마음껏 즐기고 노래하고 먹는 잔치가 벌어진다. 그리고

인도네시아인들의 민족성을 고려해 가족 같은 분위기를 만들기 위해 종업원과 아침 인사를 나누고 거주 지역, 현장을 방문한 송창근 회장.

송 회장은 단지 방문에 그치지 않고 실질적으로 도움을 주고자한다. 마을 발전 기금을 전달하고 집수리 및 보수 등을 해오고있으며, 고아와 아이들을 위한 교육 장학금 지원 등 현재까지매월 빠지지 않고 18년이 넘게 이 일을 해오고 있다.

이러한 일들은 모두 직원을 신뢰와 믿음을 바탕으로 함께 교감하고 소통하며, 직원들의 마음을 터치하는 감동을 주는 경영을 해야 한다는 송 회장만의 특별한 휴먼 경영 철학이 녹아 있기에 가능한 일이다.

KMK글로벌스포츠그룹의 비전은 크게 스마일SMILE로 요약할 수 있다. 스마일의 S는 지속가능성Sustainability을 뜻한다. 고객과 협력 업체, 내부 임직원 모두에게 다양하고 새로운 경험 및 가능성을 제공하기 위해 노력하며 끝없는 도전과 역량 강화 그리고 품질 향상을 통해 지속적으로 성장해 나가는 기업이 되겠다는 메시지다.

M은 문화 다양성Multi-Culture이다. KMK는 인종·민족·종교·언어·국적에 구애되지 않는 다양한 문화를 존중하는 기업을 표방한다. 능력·개성을 가진 개개인을 존중하고 채용하며 국적·성별·경력에 구애되지 않는 글로벌 경영을 전개하고 모두의 의견을 존중하는 글로벌 그룹. 이것이 바로 KMK의 지향점이다.

I는 혁신Innovation이다. 혁신과 재창조 그리고 개선을 통한 변화를 추구하며 지속적인 발전과 결과를 내어놓기 위해 끊임없이 노력하는 것이다.

L은 사랑Love으로, 나누면 반이 되는 것이 아닌 배가 되는 가치다. KMK는 직원·고객·관계사 등 함께하는 모든 사람을 사랑하고 기업으로서 사회적 책임 활동을 통해 지역 사회와 함께 나눔으로써 같이 성장하고 더 크게 발전해 나가는 기업이 되고자 한다.

송 회장을 비롯한 KMK 경영진은 종업원이 일하고 싶은 회사, 종업원의 목소리에 귀 기울이는 회사를 만들기 위해 사내 병원과 구내식당 등을 만들었다.

끝으로 E는 우수함Excellence이다. 오직 최고의 가치만을 전달하기 위한 헌신하는 기업이라는 의미다.

송창근 회장은 평소 '보스'와 '리더'의 차이를 강조한다. 그가 말하는 보스는 직원들을 내려다보며 명령과 지시만 한다. 두려움이라는 모티베이션을 사용해 조직을 통제하고 조직 구성원들로부터 대우받기만 바란다. 이런 사람은 말만 앞설 뿐 직접 나서서 조직을 이끄는 경우는 드물다.

반면 리더의 자리는 위에서 직원들을 내려다보며 지시하는 위치가 아니라 직원들과 동일한 눈높이에서 그들이 올바른 방향을 찾도록 이끌어주는 자리라는 것이 송 회장의 생각이다.

송 회장은 KMK의 리더와 직원들을 코치와 선수들에 비유하곤 한다. 리더는 회사와 직원들을 코치하는 역할을 하지만 직원

회사를 순회하고 학교를 방문하는 등 신뢰와 믿음을 바탕으로 함께 교감하고 소통하고 있다.

들이야말로 회사를 위해서 달리는 선수들이다. 각각의 직원들이 그들의 위치에서 잠재력을 이끌어내고 역량을 발휘할 수 있도록 멘토가 되어주고 코치의 역할을 해주는 것이 리더의 역할 중 하나라는 것이다.

송 회장은 리더라면 기업이라는 울타리를 넘어 국가에 사회적 책임감을 가지고 있어야 한다고 강조한다. 물론 회사의 리더로서 우선 직원들에게 가장 무거운 책임을 가져야 하지만 개개인의 직원들 또한 한 가정의 아버지, 어머니, 아들 그리고 딸로서 그들의 사회적 역할이 있다는 것이다.

이렇게 조금씩 시각을 확장하면서 송 회장은 기업의 리더가 사회 전체에 얼마나 큰 영향을 미치는지 새삼 무거운 책임감을 느낀다고 한다. 사회가 없다면 기업이 설 수 없듯 KMK 역시 기

미국상공회의소 MOU(왼쪽), 인도네시아 경총(중앙), 제14차 세계한상대회 오프닝(오른쪽).

업이라는 조직을 넘어 지역 사회에 이바지할 수 있도록 노력하고 있다. 청년 실업 문제 등 한국에서 일어나고 있는 크고 작은 사회 문제에도 관심을 기울이며 조금이나마 리더로서의 책임을 다하고자 한다.

## 인도네시아 한인 사회 발전에 기여

송창근 회장의 정직성과 열정이 만들어낸 또 하나의 자산은 인도네시아 현지 정치·경제계의 인맥 네트워크다. 2013년 제3대 재인도네시아 한인상공회의소 회장으로 취임한 이후 송 회장은 현재까지 인도네시아 한인 기업들의 발전뿐 아니라 주한대사관과 현지 부처 장관들과의 인적 네트워크 강화와 협력에도 노력을 다하고 있다. 우리는 주인이 아닌 손님으로서 이곳 인도네시아 있으며 한인들이 현지인과 함께 조화 속에서 위기를 극복해 나가야 한다는 것이 송 회장의 취지다.

또한 송창근 회장은 2015년 10월 경주에서 열린 세계한상대회에서 역대 최연소 대회장을 역임하면서 한상 네트워킹 활성화와 국내 중소기업의 해외 진출과 견인이라는 두 명제 아래 대회장으로서 변화의 씨앗을 뿌리는 주역의 역할을 했고, 특히 청년 실업 문제에 한상 기업인들이 힘을 모으는 초석을 다졌다는 평가를 받았다.

## 열정이 만든 진취적 미래

KMK는 뜨거운 열정이 있기에 미래 비전 역시 진취적이다. KMK 임직원들은 스스로 자신의 능력을 발전시키고 성과를 향상시키는 데 힘쓰고, 끊임없이 자신을 혁신해가려는 의지로 똘똘 뭉쳐 있다.

회사 역시 젊고 열정 있는 인재들을 키워 새로운 미래를 열어갈 KMK의 주역으로 성장할 수 있도록 돕고 있다.

KMK는 구성원들의 땀·열정·헌신으로 KMK가 세계적인 브랜드와 어깨를 나란히 하고 나아가서는 전 세계에서 가장 경쟁

인도네시아대학(왼쪽)과 서울대학교에 명사로 초청받아 강연을 하고 있는 송창근 회장.

력 있는 기업으로 성장하는 것을 목표로 하고 있다.

KMK는 기업 문화 역시 다른 기업들과 조금 다르다. 권위적인 상명하복의 문화는 찾아볼 수 없다. 생산 현장의 근로자, 인턴을 비롯해 모두가 자신의 목소리를 내고 의견을 개진할 수 있다. 누구나 더 나은 아이디어가 있다면 KMK는 언제든지 그들의 목소리를 들을 준비가 되어 있다. 직위를 불문하고 모두가 서로를, 그리고 서로의 아이디어를 존중하는 것이 KMK의 별다른 문화 중 하나다.

송창근 회장은 늘 임직원들에게 주인 의식을 강조한다. 모든 임직원이 주인 의식을 가질 수 있도록 기업의 리더로서 임직원들의 이름을 외우는 사소한 관심부터 시작해 20여 년간 생산 현장 직원들의 집을 꾸준히 방문하고 있다. 워크숍 등 사내 행사도 자주 연다. 이러한 사내 행사를 통해 직원들의 목소리를 직접 들고 함께하며 직원들과 보다 가까워지려는 노력이다.

KMK는 이러한 문화를 25여 년간 발전시켜오고 있으며 젊은 세대에게 더 많은 기회를 마련해줄 수 있도록 노력하고 있다.

편안함과 반복되는 일상에서 오는 매너리즘에 빠져 새로운 것에 도전하는 열정을 잃게 되는 경우를 주위에서 흔히 볼 수 있다. 이를 혹자들은 '컴포트 존Comfort Zone'이라고도 표현한다. 현재의 것에 만족하고 개선 및 발전이 더는 없는 상태에 머무르는 것을 말한다. KMK는 이러한 모습에서 벗어나기 위해 끊임없이 도전적인 미션과 목표들을 직원들에게 주고 있다. 직원들이 주도적으로 스스로를 개발할 수 있도록 회사에서는 다양한 프로그램을 마련하고 있다.

## 사람이 곧 자산

'사람이 곧 자산.' KMK의 경영 철학을 한마디로 보여주는 문구다. 이처럼 KMK는 Human Touch Management 경영 철학 아래 신뢰와 믿음을 바탕으로 직원들의 마음에 감동을 주고 있으며 직원과 함께 소통하고 직원이 원하는 것을 채워줄 수 있는 회사를 표방한다.

주인이 아닌 손님으로서 인도네시아에 있으며 한인들이 현지인과 함께 조화 속에서 위기를 극복해 나가야 한다는 것이 송 회장의 취지다.

　　송창근 회장은 직원 또한 주주와 마찬가지로 투자자라고 생각한다. 투자자들이 돈을 투자한다면 직원은 돈이 아닌 인생을 투자한다는 논리다. 하루 24시간 중 대부분 시간을 일터에서 보내는 직원들에게 직장은 인생에서 무엇보다 중요한 부분이고 많은 영향을 미칠 수 있다. 그런 점에서 회사는 이러한 투자자를 잘 관리해서 자산으로 남겨야 한다는 것이 송 회장의 인재 경영이다. 실제 중소기업에서 경험 많고 일 잘하는 직원만큼 훌륭한 자산은 없다.

KMK는 2만여 명 모든 직원과 가족이 회사 내에서 전문적인 진료와 처방을 무료로 받을 수 있도록 지원하고 있다. KMK클리닉은 기본적인 치료·응급 처치가 가능하게 시설이 되어 있고 현재는 안과·치과까지 의료 서비스를 늘렸다.

성공한 한인 사업가로서 송 회장은 우리 대한민국의 경제를 이끌어 나갈 미래가 젊은 청년들이라고 조언한다. 실제로 현재 15명 이상의 젊은 20대 청년들을 채용했으며, 매년 인턴십을 통해 더욱 많은 젊은 인재를 채용할 예정이다. 이는 미래 비전을 위한 경영 패러다임의 교체와 변화를 꾀하고 더불어 대한민국 청년 실업 해소에 기여하고자 하는 것이 송 회장의 취지다.

젊은이의 호기심과 열정, 도전 의식이 오늘의 발전을 이루었고, 기성세대가 지닌 지혜와 조화를 이룬다면 더 성장하는 대한민국이 될 수 있을 것이라고 그는 굳게 믿고 있다.

대표이사
**송호섭**

## 스타벅스커피코리아

**경력**

| | |
|---|---|
| 2010.10 | 더블에이코리아 대표 |
| 2014.08 | 스페셜라이즈드코리아 대표 |
| 2016.09 | 언더아머코리아 대표 |
| 2018.10 | ㈜스타벅스커피코리아 전략운영담당 상무 |
| 2019.03~현재 | ㈜스타벅스커피코리아 대표이사 |

**(주) 스타벅스커피 코리아**

우리의 사명

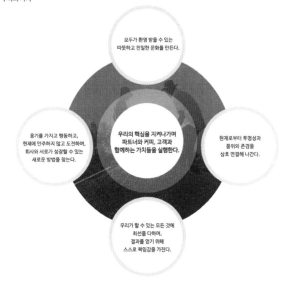

"인간의 정신에 영감을 불어넣고 더욱 풍요롭게 한다."
이를 위해 한 분의 고객, 한 잔의 음료, 우리의 이웃에 정성을 다한다.

우리의 가치

모두가 환영 받을 수 있는
따뜻하고 친밀한 문화를 만든다.

용기를 가지고 행동하고,
현재에 안주하지 않고 도전하며,
회사와 서로가 성장할 수 있는
새로운 방법을 찾는다.

우리의 핵심을 지켜나가며
파트너와 커피, 고객과
함께하는 가치들을 실행한다.

현재로부터 투명성과
품위와 존경을
상호 연결해 나간다.

우리가 할 수 있는 모든 것에
최선을 다하며,
결과를 얻기 위해
스스로 책임감을 가진다.

"인간애에 기반해 우리의 행동을 주도해 나간다."

## 세계 최고 커피에 한국 감성을 입히다
## 사회적 책임과 성장 동시에 추구하며 지역 사회 기여

스타벅스커피코리아는 1999년 이대점 1호점 개점 이래 매년 두 자릿수 이상 성장을 거듭하며 특별한 '스타벅스 경험'을 제공하고 있다. 지난 22년간 한국 고객들의 요구에 귀를 기울이면서 한국 전통적인 다방 문화에 스타벅스 특유의 '제3의 공간'이라는 콘셉트를 더해 새로운 커피 문화를 이끌어왔다.

현재 전국 80여 개 도시에 1,500여 모든 매장을 직영하고 있으며, 50년 이상의 전문적인 로스팅 기술과 철저한 품질 관리, 그리고 자체 양성한 1만 8,000여 명의 숙련된 바리스타들의 지식과 열정이 핵심 역량이다.

스타벅스는 단순히 커피를 판매하는 곳이 아니라 인간적인 관계와 감성이 소통하는 경험을 함께 제공하고자 노력하고 있다. 전 세계 스타벅스 최초로 혁신적인 스마트 주문 시스템인 '사이렌 오더' 서비스를 선보이며 혁신적인 디지털 서비스를 제공하는 것을 비롯해 다양한 현지화 전략이 조화를 이뤄내고 있다.

# 지속가능성 전략 Better Together 프로젝트 개시

㈜스타벅스커피코리아(대표이사 송호섭)는 일회용컵 전면 사용 중단 등을 포함한 2025년까지의 지속가능성 중장기 전략인 'Better Together : 가치 있는 같이' 프로젝트를 시작한다.

스타벅스의 이번 지속가능성 중장기 전략은 '환경' 문제에 초점을 맞춰 진행되었던 기존 캠페인 외에도 '상생' 및 '채용' 등으로까지 그 범위를 확대하며 지속가능한 미래를 위해 고객 및 지역 사회와 교감하며 동반 성장한다는 취지로 마련됐다.

'Better Together'로 명명된 스타벅스의 지속가능성 중장기 전략은 향후 30% 탄소 감축을 목표로 하는 '플래닛Planet'과 30% 채용 확대 등을 골자로 하는 '피플People' 분야를 양대 축으로 5가지 세부 과제가 2025년까지 진행된다.

(1) 일회용품 절감Reduce Waste.

전국 스타벅스 매장에서 일회용컵을 대신할 리유저블Reusable 컵 사용을 점진적으로 도입해, 2025년도 일회용컵 사용률 0%에 도전한다.

그 첫 시작점으로 2021년 하반기 중 시범 매장을 선정하고, 리유저블컵을 도입해 운영한다. 해당 시범 매장에서는 일회용컵

스타벅스 지속가능성 중장기 전략 Better Together.

을 대신해 일정 금액의 보증금이 있는 리유저블컵을 고객에게 제공하게 되며, 사용하고 난 컵은 리유저블컵 운영 매장의 무인 반납기 등을 통해 반납하면, 보증금이 반환되는 형태로 운영될 예정이다.

스타벅스는 2021년 시범 매장을 운영한 이후 향후 보완점 등을 개선해 2025년에는 전국의 스타벅스 매장으로까지 리유저블컵 사용을 확대, 일회용컵 사용을 전면 중단한다는 목표다.

2018년부터 전 세계 스타벅스 최초로 전국 매장에 종이 빨대를 도입해 운영 중으로, 이를 통해 연간 126톤에 달하는 1억 8,000만 개 이상의 플라스틱 빨대를 절감하고 있다. 여기에 빨대

없이 사용하는 리드(뚜껑) 역시 종이 빨대와 함께 도입하며, 일회용 빨대 사용량을 연간 40% 이상 감축시켜 나가고 있다.

이외에도 음료 주문 시, 일회용컵을 대신해 텀블러 등 개인 다회용 컵을 사용하는 고객에게는 300원 할인 혹은 스타벅스 회원일 경우 에코별 적립 등의 혜택을 제공하며, 현재까지 누적 6,744만 건의 많은 고객 동참을 이끌어내고 있기도 하다.

아울러 2021년 3월 말부터는 폐플라스틱을 수거해 새로운 상품으로 재탄생시키는 '가치 위해 같이 버려요' 캠페인을 진행 중에 있다. 이번 캠페인을 통해 매장에서 수거된 투명 페트병과 일회용 컵은 새로운 스타벅스 제품으로 탄생해 다시 고객에게 선보일 예정이다.

(2) 식물 기반 제품Plant-Based Products 및 지역 상생 제품 확대.

메탄가스를 유발하지 않는 식물 기반의 대체 상품과 이동 거리 단축 등으로 탄소 배출량을 줄일 수 있으면서도, 지역과의 상생이 가능한 국산 재료 기반 제품 개발에도 박차를 가한다.

2021년 안에 음료 분야에서 오트밀크를 선택 옵션으로 도입해 운영하고, 식물 기반 음료 및 푸드 제품과 대체육 원재료 등도 지속 개발해 관련 제품 카테고리를 확장해 나간다. 국내 소비자 사이에서도 탄소 감축 효과 및 건강을 고려한 음식에 대한 관심도도 높아지고 있는 만큼 관련한 고객 경험을 확대해 나간다는 목표다.

아울러 다양한 지역의 특산물을 이용한 제품 라인업 강화를 통해 우리 농가와의 협업을 통한 상생을 강화해 나간다. 스타벅스는 2016년 문경 오미자 피지오를 필두로 광양 황매실 피지오, 공주 보늬밤 라떼, 이천 햅쌀 라떼 등의 신토불이 음료를 현재까지 꾸준히 개발, 출시해오고 있다.

2021년에는 우리 농산물을 활용한 신제품 음료 5종 출시를 목표로 개발에 박차를 가하고, 매년 개발 범위를 늘려 2025년도에는 최대 10종까지 확대해 나갈 방침이다.

(3) 친환경 매장 확대 및 물류 시스템 구축.

LEED Leadership in Energy and Environmental Design / GSEED Green Standard forEnergy and Environmental Design 등의 국내외 인증을 받은 친환경 콘셉트 매장을 적극 도입하고, 소비 전력 효율 개선 제품 및 대기 전력 저감 장비 도입 등을 전국 매장으로 확대해 나갈 예정이다.

이와 관련 2021년 3월 26일 서울시 중구 퇴계로 스테이트 타워 남산에 오픈한 '별다방'이 국내 카페 최초로 올해 안에 LEED '실버' 등급 인증에 도전한다. '별다방'은 매장 내 센서 설

국민 애칭을 매장명으로 반영한 스타벅스 '별다방' 내부 전경.

치를 통해 고객이 없을 경우 조명 자동 차단, 채광에 따라 내부 밝기 조절 시스템 등을 통한 전기료 절감 효과 및 다양한 친환경 내장재 및 기자재를 다양하게 사용한 매장이다.

이외에도 스타벅스는 서울 지역에 전기 배송 트럭 도입을 시작으로 2024년부터는 전국의 스타벅스 물류 배송 트럭을 친환경 전기 트럭으로 확대 변경해 나간다.

(4) 일자리 창출.

2025년까지 채용을 대폭 확대해 나가며 일자리 창출에도 기여한다. 스타벅스에는 현재 1만 8,000명의 파트너가 근무 중으로, 2025년까지 현재 인력의 30%를 웃도는 5,500여 명 규모의 추가 채용 확대를 통해, 총 2만 3,500명 수준 이상의 파트너를 고용하겠다는 목표다.

특히 스타벅스가 현재 진행 중인 장애인, 중장년, 경력단절 여성 등의 취업 취약 계층 일자리 지원 역시 강화해 나가며 2025년에는 전체 임직원의 10% 정도를 취업 취약 계층에서 채용하는 것을 목표로 한다.

스타벅스에는 2021년 현재 708명의 장애인 파트너(법적 장애인 수 기준)를 포함, 경력단절여성의 재취업 지원 프로그램을 통한 리턴맘 바리스타 160명 등이 근무 중에 있으며, 2020년부터는 재기를 꿈꾸는 40대 이상의 소상공인 대상으로 재창업과 스타벅스 취업을 지원하는 프로그램을 중소벤처기업부와 함께 운영 중에 있다.

향후 이 같은 취업 취약 계층 대상을 직접 채용하는 것 외에도 2021년 현재 스타벅스 드라이브 스루 매장에서 근무 중인 어르신 교통안내원, 현재 10곳에서 운영 중인 스타벅스 재능기부 카페 바리스타 등의 간접 채용 지원도 함께 지속적으로 확대해 나간다는 방침이다.

(5) 사회적 가치 확산.

사회적 가치에 대한 공감과 실현을 위해 고객과의 커피 경험

공유 확대 프로젝트를 추진해 나간다. 매장 수익금 일부를 기부하는 이익 공유형 매장인 스타벅스 커뮤니티스토어와 인테리어 및 기자재 리모델링과 스타벅스 현직 파트너들의 교육 지원 등으로 운영되고 있는 재능기부카페 등도 현재 14곳(재능기부카페 10곳, 커뮤니티스토어 2개점, 환구단점, 서울대치과병원점)에서 2025년도에는 30곳으로 확대해 나가기로 했다.

이외에도 재활용 소재를 활용한 타 브랜드와의 협업 및 관련 상품 출시, 환경 단체와의 프로젝트 공동 진행, 지속가능성을 주제로 고객이 참여할 수 있는 다양한 캠페인 프로그램을 개발 진행하며 사회적 가치와 관련한 공감대를 지속 확대해 나간다는 목표다.

## 생애 주기별 일자리 창출 노력

스타벅스커피코리아는 청년과 취약 계층의 일자리 창출 활동을 지속적으로 전개해오고 있다. 1999년 1호점 오픈 당시 40명의 파트너로 시작해 2020년 12월 기준 전국 1,500여 개 매장에서 450배 증가한 1만 8,000여 명의 파트너를 모두 직접 고용하고 있다. 이러한 노력을 인정받아 스타벅스는 2020년 대통령 직속 일자리위원회가 수여하는 대한민국 일자리 유공 포상을 수여했다.

스타벅스는 장애인이 서비스직에 부적합하다는 사회적 편견을 깨고 2007년부터 장애인 채용을 시작했으며 현재 중증 장애를 2배수로 하는 법적 장애인 수 기준으로 708명으로 전체 임직원 대비 약 4%의 고용율로 업계 최고 수준이며, 차별 없는 승진 기회를 부여해 현재 51명이 중간 관리자 직급 이상으로 재직하고 있다.

장애인 채용 이후에도 평생직장으로서 직무 적응과 고용 안전을 위해서 장애 유형별 맞춤 교육 프로그램을 개발해 중증 장애인의 일자리 영역을 확대하고 직장 내 장애 인식 개선 교육 등 다양한 지원 활동을 진행하고 있다.

2020년 12월에는 전 세계 스타벅스 최초로 장애인 고용 증진 및 장애인 인식 개선을 위해 장애인 편의 시설을 강화한 포괄적 인테리어 매장인 서울대치과병원점을 오픈했다. 현재 총 12명의 파트너 중 다양한 직급에서 장애인 파트너 6명이 근무하며 편견 없는 채용에 앞장서고 있다. 스타벅스는 사회 환원을 위해 서울대치과병원점의 수익금 일부를 취약 계층 장애인의 치과 수술비를 지원한다.

2021년도 보호종료청년지원 사업 전개.

또한 2013년 여성가족부와 리턴맘 재고용 협약을 맺고 경력단절여성의 재취업 기회를 지원하는 리턴맘 프로그램으로 2020년 상반기까지 총 160명이 리턴맘 바리스타로 복귀했다. 리턴맘은 주 5일, 하루 4시간씩 근무하는 정규직 부점장으로 근무하게 된다. 또한 육아 휴직 기간을 최대 2년까지 확대하는 등 일과 육아를 병행할 수 있는 다양한 제도적 지원을 강화하고 있다.

스타벅스는 2016년부터 한양사이버대학교와 학술 교류 협력 협약을 맺고 파트너들의 4년제 학사 학위 취득을 지원하고 있으며 2021년 현재까지 1,000명이 넘는 파트너가 참여해 다양한 전공에서 경력 개발을 이어가고 있다.

## 청년 창업과 중장년층의 재기 확산을 위한 지원 전개

2020년 5월에는 이익 공유형 매장인 커뮤니티스토어 2호점을 오픈하고 중소벤처기업부와 '자상한 기업' 협약을 체결했다. 스타벅스는 커뮤니티스토어 2호점을 통한 수익금을 포함해 스타벅스 매장 공간 등의 인프라를 활용해 청년들의 창업을 지원하고 있다. 스타벅스는 2015년부터 창업 카페라는 프로그램을 시즌제로 운영해오며 2020년까지 2,500명이 넘는 창업 준비 청소년에게 도움이 되는 강연 및 네트워킹 구성 세미나 등을 진행해왔으며, 2020년부터 코로나19 예방을 위해 비대면 온라인 방식으로 변경해 운영하고 있다.

또한 40대 이상 중장년층 소상공인의 재기를 위해 카페 창업과 스타벅스 취업을 지원하는 리스타트 지원 프로그램을 시작해 2020년에 99명이 교육을 수료했으며 이 중 28명을 스타벅스 바리스타로 채용했다. 2021년에는 최대 200명 규모로 교육생을 확대해 모집을 진행한다.

2015년부터 국제 NGO인 JA Junior Achievement와 함께 청소년 진로 교육 프로그램을 시작해 전국의 특성화고등학교 학생들을 대상으로 취업 관련 강의와 면접 프로그램 등 교육 기부 활동을

스타벅스 군포시니어센터 상생 교육장.

전개해 2021년 현재까지 교육 이수 학생이 1만 7,000여 명을 넘어섰다.

보호종료청년의 자립을 돕는 지원 사업도 2020년부터 아름다운재단과 함께 전개하며 보호종료청년들의 실질적인 자립 역량을 키울 수 있는 다양한 지원 활동을 전개하며 안정적인 사회 진출을 돕고 있다. 2020년 첫해 2억 5,000만 원의 해당 사업 기금을 조성한 바 있던 스타벅스는 지원 2년 차인 올해 관련 기부금을 총 3억 원으로 확대하고, 지원 사업 대상으로 선정된 보호종료청년들에게 원활한 진로 및 교육 활동을 위해 사용할 수 있도록 1년간 최대 500만 원의 자립정착금을 지원한다.

스타벅스 재능기부카페 11호점 오픈.

## 어르신 바리스타 등 취약 계층 일자리 창출 노력

스타벅스 재능기부카페는 청소년, 다문화가족, 취약 계층 여성
들이 근무하는 지역 사회 기관의 노후된 카페를 스타벅스와 협
력사가 함께 시설 및 인테리어 리노베이션, 바리스타 교육, 매장
운영 지원 등의 재능기부 활동을 전개하면서 자립 지원과 지역
사회 고용 확산을 지원하는 사회공헌 활동으로 청소년과 어르
신, 장애인, 다문화가정 여성 등 취업 취약 계층의 일자리 창출
을 위해 지원하고 있으며, 2021년 4월에 순천YMCA가 운영하

는 노플라스틱 카페를 재능기부카페 11호점으로 재단장했다.

2019년 보건복지부와 한국시니어클럽협회, 스타벅스가 함께 지속가능한 양질의 어르신 일자리 창출에 상호 협력한다는 상생 업무 협약을 맺고 지역 사회와의 지속적인 상생 경영 약속의 일환으로 드라이브 스루 매장에서 230명에 달하는 어르신의 통행 안전 관리원 근무를 지원하고 있으며, 전국 150여 곳 시니어 카페의 어르신 바리스타 경쟁력 강화를 위한 상생 교육장을 군포 시니어클럽에 오픈하고, 2020년 부산사하시니어클럽이 운영하는 휴카페를 어르신 바리스타 일자리 창출을 위해 새롭게 스타벅스 재능기부카페 10호점으로 오픈했다.

## 열린 채용과 인재 양성에 앞장

스타벅스는 개인 역량 강화에 맞는 다양한 교육 프로그램을 제공해 커피 전문가 양성 및 차별화된 커피 문화를 선도하고 지속 성장을 위한 경쟁력을 강화하고 있다.

신입 바리스타는 입사 후 체계적인 교육과 내부 선발 과정을 거치며 부점장, 점장으로 승격하고 나중에는 매장을 총괄 관리하는 리더로 성장하게 된다.

스타벅스 커뮤니티스토어 청년 인재 졸업식.

아울러 커피 전문가 양성을 위한 커피마스터 프로그램을 비롯해 커피 기기, 서비스 등 분야별 전문성 함양을 위한 다양한 교육 과정을 온라인과 오프라인으로 제공하고 있어 원하는 직원은 참여할 수 있다. 매년 선발되는 우수 인원에게는 인센티브를 제공하고 글로벌 커피 전문가로 성장할 수 있도록 커피 농가 및 본사 방문 등 다양한 국가의 스타벅스 파트너들과 교류할 수 있도록 지원하고 있다.

스타벅스코리아는 전 세계 스타벅스 최초로 임직원의 전문 지식 함양과 공유가 가능한 쌍방향 온라인 교육 시스템 '스타벅스아카데미'를 오픈하고 언제 어디서나 편리하게 학습 가능하도록 모바일 애플리케이션으로도 함께 개발했다. 또한 2016년부터 등록금 전액을 지원하는 파트너 학사 학위 취득 프로그램을 운영해 경제적 부담 없이 학위를 취득할 수 있도록 돕고 있다. 입학 첫 학기는 학자금 전액을 지원하며 평균 B학점 이상을 취득하는 모든 파트너에게는 다음 학기 등록금을 전액 지원한다.

사이버 대학 과정은 정규 수업과 시험 평가가 100% 온라인에서 이뤄지기 때문에 등교의 부담 없이 학업에 열중할 수 있다는 장점이 있으며, 전공 선택은 업무와 관련이 없어도 무방하며 대학 졸업 후에 스타벅스에 재직해야 하는 의무와 조건 없이 자유롭게 학비를 지원받을 수 있다. 2016년 2학기부터 시작한 대학 교육 지원 프로그램은 2021년 현재까지 1,000여 명이 넘는 스타벅스 파트너들이 참여해 다양한 전공에서 학업과 경력 개발을 이어 나가고 있다.

스타벅스코리아는 2011년부터 전 세계 스타벅스 최초로 국내에 파트너 행복 추진 부서를 설립해 파트너 복지와 권익 보호를 위해 노력해오고 있다. 2014년부터 임직원들의 스트레스 해소를 돕기 위한 전문 심리 상담 프로그램을 도입해 전문기관과 협력해 운영 중이며, 연중으로 문화 충전 사내 캠페인을 통해 문화 공연 관람 기회를 제공하고, '스토어 어택' 등의 단체 팀워크 증진을 위한 여가 활동을 지원해오고 있다.

2018년 12월에는 고객 응대 파트너 보호를 위해 고용노동부 산하 비영리법인 단체인 직업건강협회와 감정노동 관리 및 교육 지원 협력을 위한 협약을 맺었다. 이를 통해 외부 전문기관과 협력해 감정노동 수준 진단 과정을 갖고 예방·대응··관리 정책으로 구분한 파트너 보호 매뉴얼을 더욱 체계적으로 수립해 감정노동 직무 스트레스 예방 교육과 건강 보호, 감정 소진 극복 프로그램, 전문 심리 상담 등 파트너 권익 보호를 위한 다양한 지원 활동을 지속적으로 강화해가고 있다.

## 지역 사회 전통문화 보전과 제품 현지화 노력

스타벅스는 2009년 문화재청과 문화재 지킴이 협약을 맺은 이래 현재까지 우리 문화재와 문화유산 보전을 위한 다양한 사회 공헌 활동을 전개해오고 있다.

삼일절과 광복절을 기념하는 텀블러와 머그 등을 선보이고 관련 수익금을 우리 문화재 보존에 활용하고 있다. 실제 백범 김구 선생의 친필 휘호 '存心養性존심양성'과 '光復祖國광복조국', '천하위공天下爲公', 도산 안창호 선생의 '若欲改造社會 先自改造我窮약

백범 김구 선생 친필 휘호 '천하위공(天下爲公)' 기증.

용개조사회 선자개조아궁'친필 휘호 등을 구매해 기증했다.

또한 2017년에는 대한제국 당시 유일한 해외 외교 건물인 주미대한제국공사관의 복원과 보존 비용 등 총 3억 원을 후원한 바 있으며, 이를 통해 새롭게 단장한 주미대한제국공사관은 2018년 5월 복원을 마치고 재개관했다.

2020년에는 중구 소공동에 환구단점을 개점하고 환구단과 황궁우 등 우리 문화유산 건축물의 주요 요소를 주제로 한 인테리어를 구현해 친근하게 우리 문화유산을 접하고 경험할 수 있도록 했다. 이외에도 2015년부터 매해 독립유공자 후손 대학생 장학금을 후원하며 2021년 현재까지 233명에게 장학금 4억 6,600만 원을 전달했으며, 주요 문화재 문화 행사 후원 및 청결 봉사 활동 등 다양한 형태의 문화재 지킴이 활동을 지속적으로 진행해오고 있다. 이러한 공로를 인정받아 2019년 12월 문화유산보호 유공자 포상 대통령 표창을 수상하기도 했다.

스타벅스는 국내 협력사와 함께 다양한 제품 현지화 노력을 지속적으로 전개해 음료와 원부재료의 자체 개발을 확대하고 있으며 친환경 경기미와 국내 특산물을 활용한 다양한 지역 상생 제품을 소개하고 있다. 문경 오미자 등 로컬 식자재와 특성을 빅데이터로 분석해 시장 트렌드에 맞춘 제품 개발로 연결해서 농가에 안정된 판로와 수익을 제공하고 국산 농산물의 상품 가치를 높여 농가 소득 증대로 이어지는 성과를 통해 상생 활동을 꾸준히 전개해오고 있다.

동시에 스타벅스는 국산 우유 소비 촉진 캠페인과 커피 찌꺼기 재활용 자원 선순환 활동을 통해 국내 농가의 지역 사회 소득 증대에도 기여하며, 커피 찌꺼기로 만든 친환경 퇴비를 기증해 수확하는 농산물을 활용해 개발한 다양한 음료와 푸드 상품을 전국 매장에서 지속적으로 소개하고 있다.

스타벅스는 친환경 커피 퇴비를 전달해 지역 농가와 상생 활동을 하고 있다.

## 디지털 마케팅에 감성적인 문화 입혀

혁신적인 디지털 마케팅과 모바일 기기들을 통해 고객과 소통하는 것 또한 스타벅스 경험의 핵심이 되어가고 있다. 요즘 흔한 진동벨 시스템을 스타벅스에서는 볼 수 없다. 음료를 제공할 때는 고객과 눈을 맞추며 대화를 통해 전달한다. 스타벅스코리아는 이름을 호명하는 감성적인 소통을 만들어가기 위해 2014년부터 '콜 마이 네임' 서비스를 전 세계 스타벅스 최초로 제공하고 있다. 이를 위해 몇 년 동안 판매관리시스템POS 개선과 주문

확인 모니터 개발 등을 진행해왔다.

이를 통해 스타벅스가 진출해 있는 전 세계 80여 개국 중 최초로 디지털 시스템을 통해 고객 이름을 호명하는 서비스가 되었다. 회원들이 등록한 이름을 호명해주며 감성적인 소통 문화를 디지털에 입혀서 인간적이고 감성적인 소통의 경험을 원하는 고객들의 의견을 반영한 결과다.

또한 IT 서비스 노하우와 기술을 집약해 2014년 전 세계 스타벅스 최초로 대표적인 언택트 서비스인 '사이렌 오더'를 자체 개발했다. 매장 방문 전에 주문과 결제를 할 수 있어 혼잡한 시간대에 주문 대기 시간을 줄일 수 있으며 주문 메뉴가 준비되는 진행 과정을 실시간으로 확인하고 음료가 완료되면 콜 마이 네임과 연동해 등록한 이름을 바리스타가 앱 화면에서 안내해주는 진동벨 기능까지 갖췄다.

사이렌 오더를 통한 주문은 음료뿐 아니라 매장의 실시간 재고 상황에 맞춰 푸드와 병 음료, 원두까지 가능하며 다양한 개인 맞춤 기능으로 이용자에게 최적화된 서비스를 제공한다. 드라이브 스루 이용 고객은 메뉴 수령 방식을 매장 안과 차량으로도 구분해 주문할 수 있다.

사이렌 오더는 론칭 이후 지속적으로 사용 편의성과 기능을 강화하며 빅데이터를 활용한 추천 기능 도입과 음성 주문 서비스 등 이용자 중심의 맞춤형 서비스로 진화하면서 지금까지 누적 주문 건수가 1억 8,000만 건에 달할 정도로 뜨거운 호응을 얻고 있다. 사이렌 오더를 통한 모바일 결제나 신용 카드 사용률이 지속해서 늘어남에 따라 현금 없는 매장을 시범 운영하면서 미래 신용 사회에 대비하는 디지털 혁신을 통해 고객 서비스에 더욱 집중하고 있다.

현재 전국 스타벅스 드라이브 스루 모든 매장에서 전 세계 스타벅스 최초로 개발한 첨단 화상 주문 시스템을 운영하고 있다. 고객과 눈을 맞추며 경청하는 스타벅스의 철학과 얼굴을 맞대고 정을 나누는 한국적 정서를 모두 담아낸 시스템이다.

2018년 6월 선보인 혁신적인 드라이브 스루 서비스인 'My DT Pass'는 차량 정보를 등록하면 매장 진입 시 자동 인식을 통해 별도의 결제 과정 없이 자동 결제되어 바로 출차가 가능하며, 차량 정보 등록 이후 사이렌 오더로 주문 시 대기 시간을 더욱 획기적으로 단축하며 이용 고객 수가 꾸준히 증가하고 있다.

특히 'My DT Pass' 서비스는 스타벅스코리아의 자체 빅데이터 분석과 마이 스타벅스 리뷰 고객 설문을 통해 고객들의 드라이브 스루 대기 시간 단축 및 결제 편리성에 대한 의견을 적극적

스타벅스 My DT Pass 서비스.

으로 반영해 자체 개발한 결과물로 전 세계 스타벅스 중에서 한국이 최초로 소개했다.

스타벅스는 운전자 고객의 안전과 편의를 위해 다양한 IT 서비스를 지속적으로 접목해오고 있다. 차량을 이용해 DT존을 방문하는 고객의 사이렌 오더 주문 가능 반경을 확대하고 음성 주문 서비스를 제공하는 등 고객 편의에 입각해 디지털 서비스를 개선해가고 있다.

아울러 지속적으로 업무 효율성을 위한 전사적 자원 관리 시스템을 구축하고, 디지털 설문 조사 프로그램인 마이 스타벅스 리뷰를 통해 수집한 다양한 고객 의견을 빅데이터로 활용해 다양한 제품 개발과 서비스 개선에 적극 반영하고 있으며, 모바일 앱을 통해 방문 매장에서 즉시 처리할 수 있는 요청 사항을 등록하면 개선 후 답변을 받을 수 있는 스토어 케어도 선보이며 고객 만족도를 높여가고 있다.

## 친환경 경영으로 지역 사회에 큰 영향력 끼쳐

스타벅스는 2018년 9월부터 종이 빨대를 도입해 시범 운영을 거친 뒤 전 세계 스타벅스 최초로 전국 매장으로 확대하고, 아이스 음료의 경우 빨대 없이 마실 수 있는 리드(컵 뚜껑)를 제공하고 있다. 종이영수증 대신 전자영수증 제도를 확대해 2018년 6월부터 스타벅스 리워드 회원 전원에게 자동으로 발급하고 있으며, 개인 다회용컵 사용 고객을 위한 혜택을 강화하는 등 다양한 친환경 활동을 강화해 나가고 있다.

2017년 7월 공기청정 시스템 설치 시범 매장 운영을 시작으로 신규 매장을 중심으로 공기청정 시스템을 확대 설치해서 실내 공기 질 관리를 체계적으로 진행하고 있다.

또한 우천 시 제공하던 우산 비닐을 대신할 제수기(물기 제거기)를 새롭게 도입해 시범 운영을 진행하고 있고 여기에 LED 조명과 친환경 목재 사용 등 친환경 마감재를 확대 도입하고 에너지 효율화를 이룰 수 있는 매장 환경 구현도 지속적으로 추진해 갈 예정이다.

'일회용컵 없는 날' 캠페인을 통해 머그와 다회용컵 사용을 권장하면서 다양한 고객 참여 캠페인도 지속적으로 전개해 나가며, 길거리 일회용컵 수거함 시범 사업 전개 등을 통해 지역 사회와 환경에 긍정적인 변화를 이끌고 있다.

스타벅스는 2019년에는 공정거래위원회와 한국소비자원이 주관한 2019년 소비자 중심 경영CCM 우수기업 포상 및 인증서 수여식에서 고객 서비스 향상 노력을 비롯해 환경과 지역 사회 공헌 활동 등 소비자 중심의 경영 문화를 구축한 노력을 인정받아 소비자 중심 경영 우수기업 인증서를 취득했다.

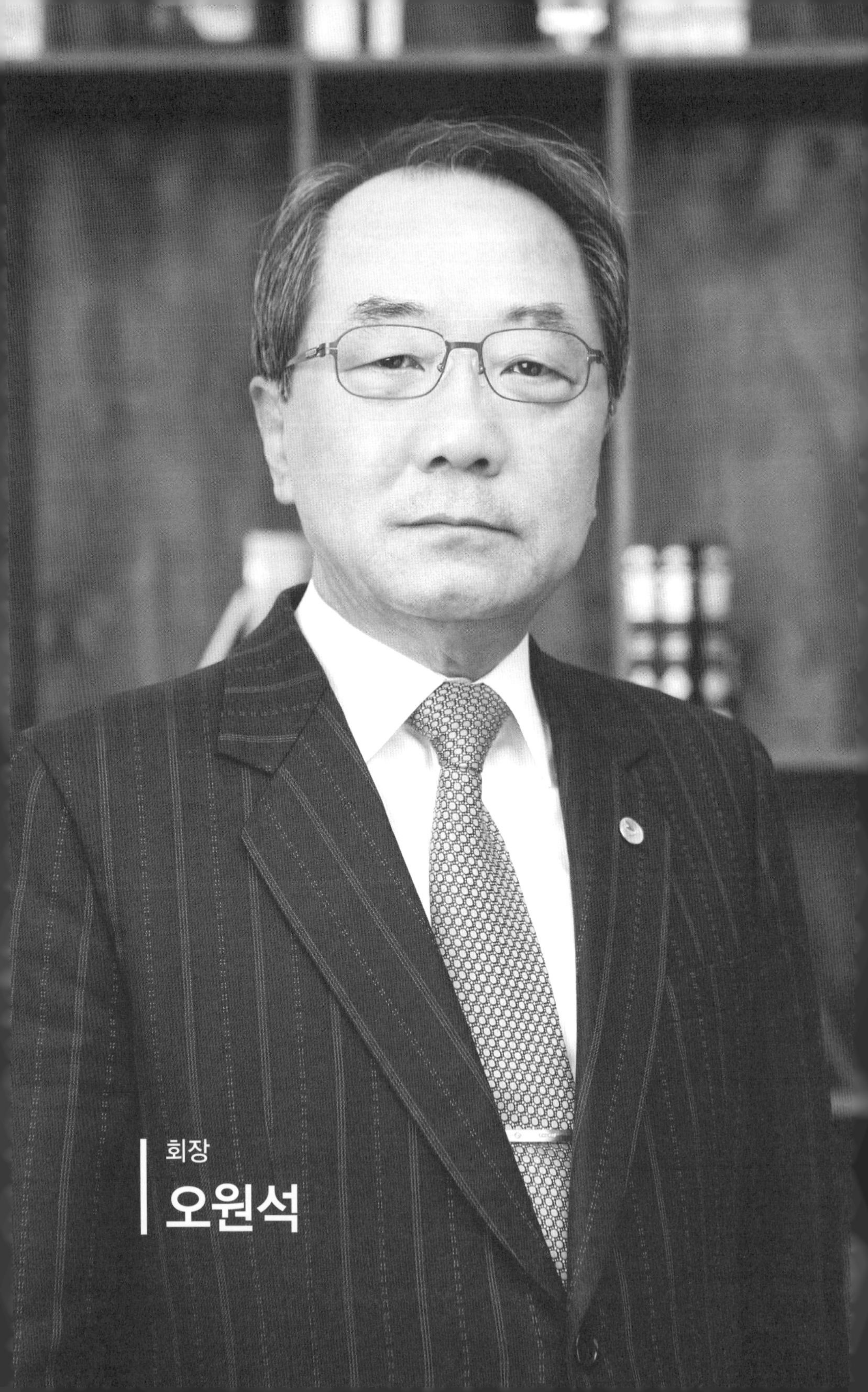

회장

**오원석**

코리아에프티주식회사

## 코리아에프티

### 학력
1971.02　경기고등학교 졸업
1975.02　서울대학교 기계공학과 졸업

### 경력
1974.11　현대양행(현재 두산중공업) 입사
1982.02　대우조선공업 부서장
1987.11　코리아에어텍㈜ 부사장
1996.07　코리아에프티㈜ 회장

### 상훈
2004.03　제31회 상공의날 표창
2009.10　제2회 범죄피해자 인권의날 표창
2009.12　세계일류상품 및 세계일류기업 인증
2010.03　관세청장상
2010.11　글로벌 경영대상
2011.11　글로벌 경영대상
　　　　　제48회 무역의날 5,000만불 수출의탑
2012.05　제9회 자동차의날 동탑산업훈장
2012.10　글로벌경영대상
2012.12　제49회 무역의날 7,000만불 수출의탑
2014.05　글로벌 전문 후보 기업 지정서 수여
　　　　　춘계학술대회 글로벌경영대상
2014.12　제51회 무역의날 1억불 수출의탑
　　　　　제51회 무역의날 산업통상자원부장관 표창
2015.02　2015 한국자동차산업 경영대상
2016.03　제50회 납세자의날 기획재정부 표창
2018.03　과학기술정보통신부장관상
2018.07　보건복지부장관상
2018.10　안성상공회의소 창립 100주년 공로패(수출유공)
2019.04　고용노동부장관상
2019.06　동반성장위원회 위원장상
2019.11　SRMQ 최고경영자 대상(부총리 겸 기획재정부 장관 표창)
2020.11　산업통상자원부장관상

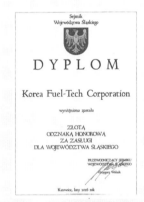

코리아에프티주식회사

# 명실상부 글로벌 기업의 면모를 갖춘 기업 코리아에프티

코리아에프티(오원석 회장)는 자동차 연료 계통의 친환경 부품인 '카본 캐니스터'와 부품 경량화를 통한 연비 효율 증가에 효과적인 '플라스틱 필러넥', 그리고 국내 유일의 차량용 차양 장치 등 차량 내부 인테리어 부품을 생산하는 친환경 자동차 부품 전문 기업이다.

특히 국내 5개 완성차 업체뿐 아니라 GM글로벌, 르노, 폭스바겐, 볼보, 스코다, 링크앤코Lynk&Co, 피아트FIAT, 차화가기차 등 해외 완성차 업체와 현대 모비스 등 자동차 부품 전문 기업까지 안정적인 매출처를 보유해 글로벌 기업의 면모를 확인시켜준다.

특히 2007년 미국발 글로벌 경제 위기, 2010년 그리스의 구제 금융 지원에서 촉발된 유럽발 글로벌 경제 침체, 2020년 전례 없는 코로나19 확산으로 인한 세계 경제 침체 등 최악의 위기 상황 속에서도 2007년 매출액 917억 원에서 2020년 4,000억 원 이상을 올리는 중견 기업으로 꾸준히 성장을 지속해왔다.

이처럼 글로벌 경제가 어려운 가운데에도 탁월한 경영 성과를 올릴 수 있었던 것은 해외 생산 기지 구축, 끊임없는 기술 개발, 글로벌 완성차 업체로의 매출처 다각화 덕분이다.

## 해외 생산 기지를 구축하다

오 회장은 국내 자동차 시장의 크기와 한계를 명확히 파악해 글로벌 경영만이 회사의 성장을 가져다줄 수 있는 방안이라고 판단했다. 이에 국내는 R&D 기지로 해외법인은 생산 기지로 발전시켜 경쟁사를 뛰어넘는 안정적인 매출 성장성, 높은 수익성을 동시에 달성하는 글로벌 경영 전략을 수립했다. 2003년 자동차 신흥 시장인 중국을 시작으로 2006년 인도, 2007년 유럽 시장의 전진 기지인 폴란드, 2014년 슬로바키아, 2015년 중국 충칭에 생산 기지 구축, 2020년에는 미국법인을 설립했다.

과감하게 시도한 글로벌 진출은 크게 성공하며 해외법인의 매출이 해마다 증가하고 있는 추세다. 중국과 인도법인은 지속적인 매출과 수익성 확대로 안정화 단계에 진입했으며, 후발 주자인 폴란드법인은 2015년부터 유럽 신차 물량 증대로 인해 매출 성장을 기록하고 있다.

2012년부터는 해외법인 매출이 국내 매출을 넘어섰고 그 격차는 점점 더 벌어지고 있다. 적극적인 해외 생산 기지 구축은 글로벌 경제 위기 상황에서도 명실상부 한국을 대표하는 글로벌 자동차 부품 전문 기업으로 성장할 수 있었던 배경이 됐다.

안성①에 본사를 두고 있는 코리아에프티는 2003년 중국② 북경법인을 시작으로 인도③, 폴란드④, 슬로바키아⑤ 등 해외 시장 개척에 매진해왔다.

## 끊임없이 기술 개발에 투자하다

끊임없는 기술 개발도 코리아에프티가 국내 대표적인 친환경 자동차 부품 기업으로 성장할 수 있었던 원동력이었다.

오원석 회장은 항상 직원들에게 '우리 회사는 일반 제조업체가 아닌 자동차 부품 개발의 엔지니어링 회사이다'라고 강조하고 연구 개발에 아낌없는 투자를 했다.

1996년 회사 설립 초기부터 부설 연구소를 설립해 운영하면서 관리직 총수의 3분의 1 이상에 해당하는 연구 개발 인력을 채용하고 매출의 10% 이상을 R&D에 투자해 첨단 연구 설비도 갖췄다. 현재 지적 재산권 103건을 보유 중으로 해외 및 국내 특허만 77건에 달하고 있다.

코리아에프티는 기술 개발 실력을 인정받아 '블랙박스 기업'이라는 자랑스러운 훈장도 갖고 있다. 블랙박스 기업이란 제품에 대해 설계부터 개발, 검증까지 모두 담당할 수 있는 기업을 말한다. 블랙박스 기업은 고객 요구 품질을 만족할 수 있는 부품을 설계해야 하고 품질 만족 여부를 검증하기 위한 많은 시험 설비를 보유해야 할 뿐 아니라 품질을 보증해야 하기 때문에 높은 기술력이 요구된다. 따라서 블랙박스 기업은 완성차 업체의 신차 개발 단계부터 참여할 수 있다.

반면 대부분의 중소 자동차 부품사는 '화이트박스 기업'으로 완성차 업체에서 제품을 설계해 도면을 대여해주면 그 도면을 기준으로 단순히 생산만 할 수 있다. 또한 코리아에프티는 친환경 관련 제품과 차량 경량화를 통한 에너지 절감형 제품을 개발한다는 원칙을 사업 초창기부터 수립했다. 당시 국내에서는 환경에 관한 관심이 낮았지만, 북미 지역과 유럽 국가들은 환경 법규를 강화하는 추세였기 때문이다.

카본 캐니스터는 연료 탱크 내에서 발생되는 증발 가스를 활성탄으로 흡착해 엔진 작동 시 엔진으로 환원시켜 연소되도록 하는 장치로서 대기 오염을 방지하는 친환경 자동차 부품이다.

코리아에프티가 이룩한 대표적인 성과가 바로 카본 캐니스터 국산화, 플라스틱 필러넥 개발이다.

코리아에프티가 국산화에 성공한 카본 캐니스터는 자동차 연료 탱크 내에서 발생하는 증발 가스를 활성탄으로 흡착해 엔진 작동 시 엔진으로 환원시켜 연소시킴으로써 증발 가스가 외부에 유출되지 않도록 하는 자동차 부품이다. 증발 가스는 광화학 스모그의 원인이 되는 공해 물질로서 각국마다 법규로 증발 가스 배출을 규제하고 있다. 이에 따라 카본 캐니스터는 각국의 환경 규제는 물론 자동차사마다 요구하는 사양을 모두 갖춰야 해 진입장벽이 매우 높은 제품으로 꼽힌다.

코리아에프티가 국산화에 성공하기 전까지는 국내 자동차 업계는 일본 제품에 전량 의존할 수밖에 없었다. 그러나 코리아에프티가 국산화에 성공함으로써 6억 달러의 수입 대체 효과를 가져왔고 국내 시장 점유율 1위를 차지하는 쾌거를 이뤘다.

환경 규제가 무척 까다로운 미국·유럽 시장에 파고들어 세계 시장 점유율 4위를 기록했으며, 글로벌 자동차 시장의 새로운 트렌드인 하이브리드 자동차에 적용할 수 있는 가열 방식 하이브리드 캐니스터를 세계 최초로 개발해 미국 및 국내 특허를 취득했다. 중국에도 특허를 출원해 국내 및 해외 특허를 확보하고, 이러한 기술력을 인정받아 2011년 현대자동차그룹으로부터 선행개발 최우수 기업으로 선정되기도 했다. 카본 캐니스터 시장 점유율은 국내 1위, 글로벌 4위로, 이는 끊임없는 연구 개발로 일궈낸 결과다.

필러넥은 자동차에 연료 주입 시 주유구에서 연료 탱크까지 연료를 이송시키기 위한 유로 역할을 하는 부품으로, 코리아에프티가 플라스틱 필러넥을 개발하기 전까지만 해도 국내 자동차에는 전부 스틸로 만든 필러넥이 장착돼 있었다. 플라스틱 필러넥은 스틸 제품보다 가볍기 때문에 차량의 연비를 향상시키며, 부식이 잘되지 않아 환경 오염 문제를 덜어주었다. 소재부터 제조 공법까지 다른 기업이 범접할 수 없는 진입장벽을 구축함으로써 국내 유일의 플라스틱 필러넥 생산 업체로 확고한 입지

플라스틱 필러넥(왼쪽)은 연료 주입구로부터 연료 탱크까지 연료를 안전하게 이송하기 위한 유로 역할 부품으로서 기존 스틸 구조의 단점을 보완해 경량화를 통한 연비 개선에 효과적인 친환경 자동차 부품이다. 나노 플라스틱 필러넥(오른쪽)은 기존 소재에 나노 클레이를 첨가해 증발 가스 차단성이 향상된 것이다.

를 다졌다.

코리아에프티는 '플라스틱 필러넥'의 기존 소재에 나노클레이를 첨가한 신제품 개발에도 성공했다. 기존 소재 대비 증발 가스 차단성이 12배 이상 우수하고, 스틸 및 다층 구조 대비 각각 약 45%, 32% 경량화해 연비 효율이 뛰어난 제품이다. 2018년부터 시장에 공급하고 있으며 제품 우수성을 인정받아 2019년 IR52 장영실상을 수상했다.

코리아에프티를 대표하는 또 다른 제품은 의장 부품 및 차양 장치다. 특히 전량 수입에 의존하던 자동차 차양 장치SUNSHADE 는 국내 최초로 국산화에 성공했다. 차양 장치를 비롯해 의장 부품도 완성차 업체의 신차 개발 단계부터 코리아에프티가 참여

자동차용 차양 장치는 태양 광선을 차단해 탑승객의 편의성과 안락함을 제공하고 프라이버시를 보호하는 자동차 부품이다.

해 상당한 제품 노하우를 보유하고 있다. 최근 차량의 고급화 전략에 따라갈수록 그 중요성이 높아지고 있어 기능과 편의성뿐 아니라 제품 외관에 디자인 감각을 더해 소비자의 구매 욕구와 기호를 만족시키고 있다.

최근 공개한 '악천후에도 보행자를 감지할 수 있는 신기술' 또한 업계의 주목을 받고 있다. 코리아에프티는 앞서 점점 첨단화되어가는 자동차 산업에 발맞춰 악천후 상황에서도 보행자를 감지할 수 있는 딥러닝 기반의 ADAS 소프트웨어SW 알고리즘 개발에 성공했다.

또한 2022년 출시를 목표로 '카 엔터테인먼트Car Entertainment

SKND FPGA는 악천후에도 보행자를 감지할 수 있는 딥러닝 기반의 ADAS 소프트웨어 모듈이다.

용 기기' 개발이 한창이다. 이는 코리아에프티 미래의 또 다른 성장 동력이 될 것으로 기대된다.

## 글로벌 완성차 업체로의 매출처를 다각화하다

기술 개발과 품질 향상에 노력한 결과 국내에서 경쟁사를 찾기 어려울 정도의 독보적인 지위를 확보했지만 오 회장은 더 큰 성장을 위해 세계 시장으로 진출했고 글로벌 자동차사로의 신규 거래처 다각화는 지속되고 있다.

최근 실적만 봐도 2015년에는 폭스바겐 및 스코다의 인테리어 파트Interior Parts 공급 업체 선정, 2016년에는 볼보 및 지엠글로벌GM GLOBAL의 카본 캐니스터 공급 업체로 선정되었다. 이어 2017년에는 볼보, 동풍르노, 르노닛산의 카본 캐니스터 공급업체로 선정, 2019년에는 르노닛산, 링크앤코, GM, 볼보의 카본 캐니스터 및 폭스바겐의 의장 부품 공급 업체로 선정되었다. 최근 2020년에는 세계적인 경제 침체 속에서도 르노, 닛산, 폭스바겐의 카본 캐니스터 공급 업체로 연이어 선정되는 등 명실상부한 글로벌 자동차 부품 전문 업체로 성장했다.

2014년 무역의날에는 1억불 수출의탑 및 산업통상자원부 장관 표창을 수상하는 등 지난 30여 년간 자동차 부품 사업 및 국가 경제 발전에 크게 기여하고 있다.

## 품질로 승부하다

항상 탄탄대로를 달려온 것만 같은 코리아에프티도 몇 차례의 위기가 있었다.

카본 캐니스터 부품의 국산화에 성공하면서 순항 일로에 있던 1990년, 코리아에프티에 첫 위기가 찾아왔다. 당시 매출 1,000억 원이 넘던 중견 업체가 카본 캐니스터의 카피 제품을

폴란드법인을 방문한 오원석 대표이사가 관계자들과 함께 진지한 토론을 벌이고 있다.

시장에 내놓은 것이다. 매출 60억 원에 불과한 코리아에프티는 중견 업체의 저가 물량 공세에 휘말려 매출 절반이 감소했고 심각한 위기에 봉착했다.

하지만 오원석 회장은 제품 가격을 낮추어 현실과 타협하는 대신, 고집스럽게 품질로 승부수를 띄웠다. 위기 상황을 정면 돌파하기로 한 배경에는 '품질 좋은 제품만이 시장에서 살아남을 수 있다'는 확고한 그의 지론 때문이다. 결국 경쟁사는 제품 출시 3년 만에 대형 품질 사고가 터졌고, 뚝심 있게 품질력으로 승부한 코리아에프티에 국내 완성차 업체들은 앞다투어 납품을 요청하게 되었다.

두 번째 위기가 찾아온 건 대기업도 줄줄이 도산하던 IMF 외환 위기 때였다. 국내에서 자금 유치가 어렵던 1999년, 이탈리아 토리노 상공회의소 초청으로 오원석 회장은 대한민국 자동차 부품 산업의 성장과 코리아에프티의 미래에 대해 강연했다. 마침 이 자리에 참석했던 이탈리아의 자동차 부품 대기업 에르곰 ERGOM사 회장 프란체스코 치미넬리Francesco Cimminelli는 큰 감명을 받았고, 외환 위기를 맞아 어려움을 겪고 있던 코리아에프티에 자금을 전격 지원하기로 결정했다.

해외 자금 유치에 성공한 코리아에프티는 이 자금을 연구 개발과 생산 시설 확충에 고스란히 투자했고, 탄탄한 성장 기반을 구축하게 되었다. 그 결과 현재 세계 시장에서 유수의 자동차 부품사들과 어깨를 나란히 하며 경쟁하는 글로벌 기업으로 도약하게 되었다.

## 학이시습 품격고양

오원석 회장의 '학이시습 품격고양'의 인재 경영 방침은 기업 운영 외에도 사회공헌 활동 등에 큰 발자취를 남기고 있다. 사회로부터 받은 혜택을 다시 사회로 환원한다는 투철한 사회봉사 정

코리아에프티 오원석 대표는 범죄 피해자들에 대한 다각도의 지원을 통해 조기 회복과 자립 등을 돕고 있다. 사진은 범죄 피해자들을 위한 사회적 기업인 '무지개공방'의 모습이다.

신에 입각해 사회 책임경영을 적극적으로 실천하고 있다.

우선 오 회장은 범죄 피해자의 취업 지원 및 피해자들 중심의 고용 창출과 복지 향상을 도모하고 심리 및 미술 치료 효과를 볼 수 있는 고용노동부 사회적 기업 ㈜무지개공방을 2011년에 설립했으며, 자본금 5억 원을 기부해 무지개공방 설립에 필요한 인적·물적 네트워크 구축을 위해 지대한 공헌을 했다.

또한 무지개공방 직원들에게 적극적인 관심과 지도로 집단 상담 및 개별 상담을 통해 서로 소통하고 자존감을 향상시키고 있다.

오원석 회장이 제9회 자동차의날 기념행사에서 당사 제품에 대한 설명을 하고 있다.

더불어 지역 내 대학 및 고등학교 교육 환경 개선이 될 수 있도록 장학금 후원 등을 통해 교육 환경 개선에도 앞장서고 있으며 낙도 또는 시골 학교 학생들에게 〈소년한국일보〉 보내기 사업에 매년 참여해 학생들에게 신문을 활용한 여러 활동을 지원함으로써 경험의 폭을 넓힐 수 있는 기회를 제공하고 있다.

또한 어린이 동화 후원 캠페인으로 지역 내 초등학교에 도서 후원금 지원 사업을 통해 아이들의 교육 환경 개선 지원에 적극적으로 나서고 있다.

기업 내에서도 코리아에프티를 통해 안성 지역 내 사회복지기관인 동부 무한돌봄센터와 연계해 기업 자원봉사단 활동을 정기적으로 실시하고 있다. 주로 지역 독거노인을 위한 주거 환경 개선 활동을 중심으로, 따뜻한 손길이 필요한 주변 소외 계층을 대상으로 현재 약 25명의 직원이 정기적으로 휴일을 이용해 도움의 손길을 함께 나누고 있다.

인재 육성을 위한 투자도 아끼지 않고 있다. 고용노동부 평택지청이 운영 중인 '일 학습병행제도'에 참여해 실무형 인재를 양성하고 기업에 채용된 지 1년 미만 혹은 취업을 희망하는 청년 등을 학습 근로자로 채용해 기업 또는 교육 기관에서 최대 4년간 체계적인 교육 훈련을 제공하고 취업과 학위를 부여받을 수 있도록 지원하고 있다.

이러한 공을 인정받아 오 회장은 2019년 6월에는 동반성장위원회 위원장상(동반성장부문)을 수상하기도 했다.

# 윤홍근

## 제너시스BBQ그룹

| 1995.09 | 제너시스BBQ그룹 창립 |
|---|---|
| 1995.11 | BBQ 1호점 오픈 |
| 1996.06 | BBQ 100호점 오픈 |
| 1999.10 | BBQ 1000호점 오픈 |
| 1999.12 | 한국 유통대상 국무총리상(1회) |
| 2000.09 | 치킨대학, 물류센터 개관 |
| 2003.03 | BBQ 중국 진출(해외 시장 진출 시작) |
| | 대한상공의날 동탑산업훈장 |
| 2003.12 | 한국 유통대상 국무총리상(2회) |
| 2005.04 | 공정거래위원회 대통령상 |
| 2005.05 | BBQ 올리브유 개발 |
| 2007.02 | BBQ 카페 론칭 |
| 2007.11 | 스페인 시민 십자대훈장 |
| 2009.03 | 대한상공의날 은탑산업훈장 |
| 2009.04 | 한국능률협회KMA 최고경영자상 |
| 2009.09 | 인적자원개발 우수기관 인정(치킨대학) |
| 2009.12 | 창조경영인 마케팅 분야 한국경제CEO 대상 |
| 2010.01 | 2010 Korea CEO Summit 창조경영대상 |
| 2011.04 | 한국마케팅관리학회 마케팅 대상 |
| 2011.06 | 소비자 품질만족 대상 |
| | ㈔한국취업진로학회 주관 제1회 고용창출 선도 대상 |
| 2011.12 | BBQ 프리미엄카페 론칭 |
| 2012.03 | 글로벌 마케팅 대상 최고경영자상 |
| 2012.12 | 제17회 유통대상 대통령상 |
| 2013.12 | BBQ 교육과정(치킨대학) 2만 2,000명 수료 |
| 2014.12 | 일자리창출 정부포상 대통령상 |
| 2015.09 | 대한민국 식품대전 금탑산업훈장 |
| 2016.03 | 12년 연속 브랜드스탁 선정 치킨업계 1위 |
| 2016.04 | 대한민국 100대 CEO 10년 연속 선정 |
| 2017.04 | 대한민국 100대 CEO 11년 연속 선정 |
| 2018.02 | BBQ, 포항지진 지원 유공 '행정안전부 장관상' 및 '경상북도 도지사 감사패' |
| 2018.05 | 매일경제 '2018 대한민국 글로벌 리더' |
| 2018.09 | 2018년 대한민국 고용친화 모범경영대상 |
| 2019.03 | '2019 대한민국 브랜드스타' 치킨 부문 브랜드가치 1위 |
| 2019.04 | '2019 대한민국 100대 브랜드' 29위 |
| | 2019년 국가브랜드대상 '브랜드치킨전문점 부문' 대상 |
| 2020.04 | 2020 대한민국 100대 브랜드 28위 |
| 2020.10 | 대한민국 창업대상 국무총리 표창 |
| 2021.04 | 2021 대한민국 100대 브랜드 27위 |

## 2021년, IT 기술 혁신으로 기하급수 기업을 향해

제너시스BBQ그룹에게 2020년은 코로나19로 인한 경기 침체에 어려운 사업 환경에도 고객, 패밀리와의 상생과 같은 경영 이념을 굳게 지키면서 외식 업계 트렌드와 고객 니즈에 다가가기 위한 혁신적 변화를 끊임없이 시도한 한 해였다.

그리고 다가온 2021년. 제너시스BBQ그룹이 창립한 지 26년이 되는 뜻깊은 해를 맞이한 윤홍근 회장의 마음가짐은 그 어느 때보다 다부지다.

1월 1일 신년식에서 윤 회장은 '디지털 트랜스포메이션'을 통한 '혁신 성장'과 '리스크 제로화'를 성공적으로 완성해 2021년을 제너시스BBQ가 '기하급수 기업'으로 도약하는 한 해로 만들 것을 다짐했다.

제너시스BBQ는 2021년에 '디지털 ABC'라 일컫는 AI, Big Data 그리고 Cloud 기술을 기반으로 한 '혁신 성장'에 역량을 쏟을 방침이다. 2020년 4월 업계 최초로 '닭 멤버십'을 시행하며 이를 활용한 AI 마케팅과, 빅데이터를 활용한 메뉴 기획 등 4차 산업 시대에 걸맞은 IT 기술을 지속적으로 도입하기 위한 혁신적인 계획들을 세웠다. 이를 통해 제너시스BBQ는 세계 최고의 프랜

1월 1일 신년식에서 윤 회장은 '디지털 트랜스포메이션'을 통한 '혁신 성장'과 '리스크 제로화'를 성공적으로 완성해 2021년을 제너시스BBQ가 '기하급수 기업'으로 도약하는 한 해로 만들 것을 다짐했다.

차이즈 그룹, '천년 기업'을 완성하기 위한 새 기반을 다지고 있다.

이와 더불어 '디지털 트랜스포메이션'을 재무·서비스·품질 등 실무 전 분야에 도입함으로써 정확성을 제고해 경영상의 리스크를 사전에 제거하고자 한다. 매장에는 로봇 시스템을 적극 도입해 인건비 절감은 물론 조리 과정에서 일어날 수 있는 실수나, 직원의 상해를 막아 '리스크 제로화'를 달성하기 위해 박차를 가하고 있다.

특히 2019년 12월 송파구에 오픈한 '헬리오시티점'은 IT 기술을 기반으로 한 '혁신'을 꿈꾸는 윤 회장의 의지를 확인할 수 있

2019년 12월에 오픈한 BBQ 헬리오시티점에서 서빙봇으로 서빙을 하고 있다.

는 대표적인 매장이다. 4차 산업 시대와 '편리미엄'으로 대표되는 새로운 소비 트렌드를 반영한 '헬리오시티점'은 고객의 테이블에 치킨을 직접 서빙하는 로봇인 '푸드봇'과 태블릿으로 주문할 수 있는 '태블릿 오더', 셀프 주문 시스템인 '스마트 키오스크'와 '그랩앤고' 등 다양하고 편리한 디지털 기능을 적극 도입하며 새로운 외식 문화를 선도하고 있다.

## 대한민국 원조에서 글로벌 프랜차이즈로 우뚝

국내 최대 규모 프랜차이즈 그룹인 제너시스BBQ그룹은 BBQ,

1999년 11월 BBQ 1000호점 오픈 기념 케이크 커팅식을 하고 있다.

올떡, 우쿠야 등 각 업종에서 국내를 대표하는 프랜차이즈 브랜드들로 3,000여 개 가맹점을 운영하고 있다.

제너시스BBQ는 1995년 설립 이후 프랜차이즈 업계의 각종 기록을 갈아치우며 비약적인 성장을 거듭해오고 있다.

제너시스BBQ의 대표 브랜드인 'BBQ'는 1995년 11월 1호점을 오픈한 지 4년 만에 1000호점(1999년 11월)을 돌파했으며, 현재 약 1,800개의 가맹점 망을 구축하며 국가 대표 치킨 브랜드로 자리매김했다.

# '건강하고 맛있는 치킨'으로 '행복한 세상'을 만드는 기업

윤홍근 제너시스BBQ그룹 회장은 어린 시절부터 장래희망을 묻는 질문에 '기업가'라고 답했다. 윤 회장이 학교에 다니던 시절은 보자기에 책과 공책, 연필 등을 싸서 허리에 동여매고 고무신을 신고 뛰어다니던 때였다.

그러던 어느 날 여수 시내에서 경찰 공무원으로 일하시던 아버지가 선물로 책가방과 운동화를 윤 회장에게 건넸다. 당시 윤 회장은 매끈한 가방과 튼튼한 운동화에 감탄하며 누가 이런 제품을 만드는지 아버지에게 여쭈었다. '기업'이라는 답을 들은 그는 그 자리에서 바로 결심했다. 어른이 되면 기업을 만들어 사람들을 행복하게 해주겠노라고.

시간이 흘러 윤 회장은 미원그룹에 입사해 평범한 샐러리맨으로 사회생활을 시작했다. 직원이었지만 뜨거운 피가 끓었고 'CEO처럼 일하는 직원'이 회사생활의 모토가 됐다.

그는 최고경영자의 눈으로 없는 일도 만들어서 했고, 동료들 사이에서 일벌레로 소문이 났다. 직장생활을 시작한 이후 밤 12시 이전에 귀가한 적이 없을 정도였다.

윤 회장은 지금도 신입사원을 채용할 때 항시 "CEO처럼 일할

2020년 세계지식포럼에서 강연 중인 모습.

준비가 되어 있는가"를 묻는다. 주인 의식을 가지고 임할 때 안 될 것은 없다는 것이 그의 지론이다.

회사생활을 하던 어느 날이었다. 윤 회장은 길을 걷던 중 담배 연기가 자욱이 밴 허름한 통닭집에서 엄마와 아이가 통닭을 먹고 있는 모습을 봤다.

그때 불현듯 어린이와 여성을 타깃으로 깨끗하고 건강에도 좋은 치킨을 만들어서 팔면 좋겠다는 생각이 그의 머릿속을 스쳤다. 지금은 누구나 생각할 수 있을지 모르지만, 치킨집은 곧 호프집이었던 당시에는 획기적인 발상의 전환이었다.

블루오션을 찾아낸 윤 회장은 1995년 7월 회사에 사표를 제

〈매일경제〉 명예기자로 위촉받은 윤홍근 회장.

출하고 그해 9월 1일 자본금 5억 원으로 BBQ를 설립했다. 전셋집을 월셋집으로 옮기고 통장을 탈탈 털어 1억 원을 마련했지만, 나머지 4억 원이 문제였다. 지인과 선후배를 찾아다니며 십시일반 투자를 받았다.

그를 믿고 당시 집 한 채에 해당하는 큰돈을 선뜻 투자해준 지인들을 생각하며 윤 회장은 악착같이 일했다. 사무실에 야전 침대를 갖다 놓고 밤낮으로 일하며 시간과 비용을 절약하기 위해 라면으로 끼니를 때우기 일쑤였다.

무엇보다도 어린이와 여성이 좋아하는 깨끗하고 건강한 치킨을 만들기 위해 가장 큰 공을 들였다. 사업을 시작한 이후 하루도 닭을 먹지 않은 날이 없고 최상의 치킨 맛을 내기 위해 생닭을 먹는 일도 있었다.

## '올리브유'로 치킨의 '고품격' 시대를 열다

BBQ는 2005년 '세상에서 가장 맛있고 건강한 치킨'을 고객들에게 선보이겠다는 목표로 전 세계 최초로 엑스트라 버진 올리브유를 원료로 한 BBQ 올리브오일을 도입해 모든 치킨 메뉴를 올리브유로 조리하고 있다.

올리브유는 엑스트라 버진Extra Virgin, 퓨어Pure, 포마세Pomase 등 3가지로 나뉜다. 그중 BBQ가 사용하고 있는 엑스트라 버진 올리브유는 세계 최고 등급인 스페인산 올리브유로 맛과 향, 지방 구조 측면에서 여타 식용 기름보다 월등한 품질을 자랑한다.

BBQ는 2005년 3년여에 걸친 기술 개발과 실험을 거쳐 명품 올리브오일 개발에 성공했다. 'BBQ 올리브오일'은 토코페롤, 폴리페놀 같은 노화 방지 물질이 풍부하며, 나쁜 콜레스테롤은 낮추고 좋은 콜레스테롤을 높여주는 등 트랜스 지방과는 반대의 기능을 갖고 있다.

일반적인 올리브유는 발연점이 낮아 프라잉 시 쉽게 타거나

BBQ 황금올리브 치킨.

검게 변해 튀김유로 적합하지 않다고 여겨지기도 했다. 하지만 BBQ는 자체 R&D 기관인 세계식문화과학기술원(중앙연구소)이 ㈜롯데푸드와 함께 진행한 오랜 연구 끝에 물리적 방식의 여과와 원심 분리 기술을 적용해 과육 찌꺼기를 걸러내 튀김 온도에 적합한 오일을 발명해 특허를 취득했나.

올리브유가 인체 건강에 유익하다는 연구 결과는 많다. 2019년 3월 7일 미국 휴스턴에서 열린 미국심장학회AHA 총회에서 발표한 연구 결과Eating olive oil once a week may be associated with making blood less likely to clot in obese people에 따르면 비만 단계의 사람들이라도 올리브오일을 자주 섭취하면 심장 건강에 좋고, 뇌

졸중을 막는 데도 도움이 되는 것으로 나타났다.

특히 최근에는 지중해 연안 국가 국민의 장수 비결이 올리브유를 기본으로 한 '지중해식 식단'으로 알려지면서 우리나라에서도 올리브유의 판매량이 폭발적으로 늘어나고 있다. 올리브유를 기본으로 과일·생선·채소·견과류를 즐기는 지중해식 식단은 수많은 연구에서 심장 질환과 뇌졸중 위험을 낮추는 데 도움이 되는 것으로 나타났다.

실제로 미국의 석유 재벌 존 록펠러는 97세 장수의 비결을 '매일 한 스푼의 올리브오일을 먹는 것'이라고 밝힌 바 있다.

실제 BBQ 올리브유는 타 치킨 업체에서 사용하고 있는 대두유, 옥수수유, 카놀라유, 해바라기유 등과 비교할 때 원가가 4~5배 이상 차이 난다.

그럼에도 불구하고 엑스트라 버진 올리브유를 도입한 것은 국민 건강을 최우선으로 생각하는 제너시스BBQ그룹의 경영 철학이 담긴 결정이었다.

## 프랜차이즈 교육과 연구의 산실, 치킨대학

황금올리브 치킨과 함께 BBQ의 '성공'을 견인한 다른 한 가지

제너시스BBQ 치킨대학 전경.

를 꼽으라면, 단연 '치킨대학'이다. 윤 회장은 평소 "프랜차이즈 사업은 곧 교육 사업"이라 말하며 프랜차이즈 사업을 하는 데 교육에 대한 굳은 신념을 갖고 있었다.

1995년 창업 초기에도 윤 회장은 임대 건물의 2개 층 중 1개 층을 교육장으로 사용하는 등 초기 자본금의 60%가량을 교육에 투자했을 정도로 각별한 공을 들였다.

2003년 경기도 이천시 설봉산 자락에 세계 최초로 설립한 BBQ '치킨대학'은 교육에 대한 윤홍근 회장의 확고한 철학이 빚어낸 결과물이다.

치킨대학은 총 26만 4,462m² 부지에 4층 규모의 충성관, 5층

규모의 혁신관으로 조성되어 있으며, 총 7개의 강의 시설과 11개의 실습 시설, 40개의 숙소 시설로 구성된 국내 최대의 외식 사업가 양성 시설이다.

제너시스BBQ 가맹점을 계약한 사람이라면 모두 치킨대학에서 2주간 점포 운영과 더불어 경영자적 마인드를 함양하기 위한 합숙 교육을 받아야 하며, 본사 직원들을 최고의 외식 산업 전문가로 양성하기 위한 교육 역시 이곳에서 이뤄진다.

이와 더불어 치킨대학은 학생과 일반인들을 대상으로 치킨을 직접 조리하고 맛보며 다양한 강연과 체육 활동, 레크리에이션도 함께하는 'BBQ치킨캠프'를 운영해오며 2020년 12월에는 교육부와 대한상공회의소로부터 교육기부 진로체험 인증기관으로 선정되기도 했다.

또한 치킨대학에는 BBQ가 자랑하는 R&D센터 '세계식문화과학기술원'이 함께 입주해 있다. 30여 명의 석·박사급 전문 연구진들이 '최고의 맛'을 찾아 새로운 제품을 개발하기 위한 끊임없는 연구가 이뤄지고 있는 곳이다.

신메뉴로 접목 가능한 세계 각지의 음식과 재료를 찾아 프랜차이즈로서의 상품성을 판단하고 제안하며, 제품 조리에 맞는 주방 설비의 개발까지 맡아 진행한다. 기업이 발전하면서 가장 중요한 '교육'과 '연구'를 책임지는 치킨대학은 세계 최고의 프랜차이즈 기업으로 비상을 꿈꾸는 제너시스BBQ의 든든한 두 '날개' 역할을 충실히 수행하고 있다.

## BBQ의 '가맹점주'가 아닌 '패밀리'인 이유

프랜차이즈 사업에서 가맹점과 본사의 신뢰는 그 무엇보다 중요하다. '가맹점이 살아야 본사가 산다'를 경영 이념으로 삼는 BBQ는 가맹점주라는 말도 사용하지 않고 '패밀리'라고 칭하며 상생의 가치를 실천하고 있다.

가장 대표적인 상생 제도가 패밀리 자녀 학자금 지원이다. 10년 이상 패밀리 자녀들에게 장학금을 지급하고 있는데 현재까지 지급한 장학금 액수만 총 17억 원이 넘는다. 장학금 수여 제도는 10년을 이어온 BBQ만의 전통으로, 사회 구성원으로 성장한 패밀리 자녀들이 편지나 메일 등을 통해 취업·결혼, 유학 소식 등을 전해올 때 윤 회장은 기업가로서 가장 큰 보람을 느낀다고 한다.

또한 BBQ는 패밀리가 '동' 위원, 본사 담당자가 '행' 위원이 되어 본사 정책과 관련된 모든 것을 논의하고 토론하는 '동행위

2021년 4기 동행위원회 출범 및 동행위원 위촉식 기념 촬영을 하고 있다.

원회'를 발족했다. 동행위원회를 통해 본사와 패밀리 간 상생과 동반 성장을 실천하기 위함이다.

특히 2020년 8월 7일부터 한 달간 '네고왕'을 통해 최단 기간 내 자체 앱 가입자 수가 약 8배 증가한 250만 명을 돌파했으며, 자체 앱 주문 시 7,000원 할인된 금액으로 제공했다. 할인된 7,000원은 패밀리의 부담 없이 본사 전액 부담으로 진행해 상생 경영에 대한 윤홍근 회장의 의지도 담았다.

'가맹점이 살아야 본사가 산다'라는 제너시스BBQ그룹의 경영 철학을 담은 프로모션으로 패밀리의 부담 금액은 '0'으로 본사에서 할인된 금액을 전액 부담했다. 어려운 경제 환경 속에서 유례없는 매출 상승을 이룬 패밀리들은 본사와 패밀리 간 소통

2020년 11월 제너시스BBQ와 하나은행이 업무 협약식을 하고 있다.

창구인 BBQ 내부 온라인 게시판을 통해 호평을 전하고 있으며, 향후 매출과 사업 신장의 기대감을 표출하고 있다. BBQ는 이번 마케팅을 통해 전년 대비 2배 이상의 기하급수적인 매출 상승을 경험하고 있다.

## 사회적 책임에 앞장서는 선진형 기업

BBQ는 아프리카 구호 단체인 '아이러브아프리카'와 업무 협약을 체결하고 아프리카 어린이 돕기에 앞장서고 있으며 세계적인 빈곤과 기아 문제 해결을 위해 '제로 헝거Zero Hunger(기아 없는 세

BBQ 패밀리와 함께하는 아프리카의 동행.

상) 협약식'을 갖고 후원 활동에 앞장서고 있다.

　BBQ는 패밀리와 함께 고객이 치킨을 주문할 때마다 본사와 가맹점이 마리당 각각 10원씩, 총 20원을 적립해 기금을 모으는 매칭펀드 방식으로 아이러브아프리카와 연간 약 3억 5,000만 원을 기부하고 있다.

　이외에도 BBQ는 릴레이 형식으로 지역아동센터와 노인복지관 등에 치킨을 지원하는 치킨릴레이 나눔 행사를 매주 활발히 진행하고 있다.

　치킨릴레이는 패밀리에서 재능기부 및 봉사 활동 형식으로 매장 인근 지역아동센터, 노인복지관, 장애인복지관 등에 치킨을 조리해 나눠주고 있으며 본사에서는 일부 원부재료를 지원한다.

## 업계 1위를 넘어 이제는 세계 1위로

2003년 BBQ는 큰 결단을 내렸다. 국내 외식 프랜차이즈를 한 단계 발전시키고자 중국 진출을 강행했다.

여러 시행착오 끝에 현재 중국·미국·인도네시아·베트남 등 전 세계 57개국과 마스터 프랜차이즈 계약을 체결했으며 전 세계 30여 개국에 진출해 300여 개 매장을 보유한 글로벌 외식 프랜차이즈가 되었다.

BBQ는 글로벌 시장 진출 시 마스터 프랜차이즈 형태로 진출한다. 제너시스BBQ가 지향하는 마스터 프랜차이즈 방식이란 글로벌 프랜차이즈 브랜드들이 공통으로 적용하고 있는 최신 해외 진출 방식으로 현지 상황에 대해 잘 알고 있고 경쟁력 있는 기업에 상표 사용 독점권을 부여하고 사업 노하우를 전수해 사업의 성공 가능성을 높이는 방식이다.

경우에 따라서는 직영 형태로 진출해 플래그십 스토어 역할을 하기도 한다. BBQ는 글로벌 진출 시 Kobalization<sub>Korea+</sub> <sub>Globalization</sub>을 추구, BBQ 고유의 한국적인 콘셉트를 유지하되

뉴욕 맨해튼 32번가점 오픈 커팅식 사진과 매장 사진.

국가별로 차별화된 전략을 구사하고 있다.

BBQ는 2017년 3월 미국 프랜차이즈의 본고장이자 세계 경제의 심장부인 뉴욕 맨해튼에 맨해튼 32번가점을 오픈했다. 22년간 축적된 프랜차이즈 시스템과 노하우를 담아 직영점 형태로 진출했다.

이 매장은 일 매출 4만 달러를 넘어서며 K푸드의 우수성 및 선진화된 대한민국 외식 문화를 뉴요커와 전 세계 관광객에게 널리 알리는 글로벌 플래그십 스토어가 되고 있다.

윤홍근 회장의 비전은 뚜렷하다. 2025년까지 전 세계 5만 개 가맹점을 성공적으로 오픈해 맥도날드를 추월하는 세계 최대 최고 프랜차이즈 기업으로 성장하는 것이다. 윤 회장은 말하는 대로 이뤄진다는 '시크릿 법칙'과 어떤 기대나 강력한 믿음을 가지면 실제로 이뤄진다는 '피그말리온 효과'를 믿는다. 지나온 시간 동안 위기도 실패도 종종 있었지만, 항상 위기는 기회가 되었고, 실패는 다시 일어서는 밑바탕이 되었다.

'맥도날드를 뛰어넘는 세계 최대 최고 프랜차이즈 기업'이란 목표에 대해 누군가는 허황된 꿈이라고 할지 모르지만, 오늘도 제너시스BBQ그룹은 전 세계 5만 개 매장 개설이라는 구체적인 목표를 달성하고자 부지런히 전진하고 있다.

회장

# 이동재

## 알파

**학력**

1996        중앙대학교 경영대학원 중소기업 경영자과정 수료

**경력**

1971        알파문구사 설립
1987        알파문구센터㈜ 법인 전환 대표이사
1992        전국문구협동조합 이사
1997        알파 전국 체인점 협회 회장
1998        남원고 장학재단 이사
2006~현재    연필장학재단 이사장
2010~현재    한국문구인연합회 이사장

**상훈**

2000        한국능률협회 프랜차이즈 우수업체
2001        한국 프랜차이즈대상 우수브랜드상
2002        산업자원부장관상
2004        우수납세자 국세청장상
2009        제36회 상공의날 산업포장
2011        한국유통대상 지식경제부장관상(유통효율혁신부문)
2013        세종대왕 나눔 대상 서울특별시장상
2018        한국유통대상 산업자원부장관상
2020        대한민국 글로벌리더 7년 연속 수상
            대한민국 100대 프랜차이즈 기업 9년 연속 선정

## 국내 최초 문구 업계 ESG 경영 도입

알파는 50년의 탄탄한 역사를 기반으로 미래 100년을 '고객과 함께하는 알파'로 성장 동력을 추진한다. 과거는 지식을 기반으로 한 문구 산업이 주류였다면, 미래 100년은 고객의 생각이 중심이 된 상생 비즈니스 모델이 알파의 핵심 비전이 될 것이다. 따라서 혁신적이고 진취적인 경영 방식이 필요하다. 그 첫 단계로 알파의 경영 이념인 협력, 창의, 개척 정신을 바탕으로 안전하고 행복하게 공존해 나갈 수 있는 미래 지향적 ESG(환경·사회·지배구조) 전략을 접목해 나갈 것이다. 친환경 상품 개발과 리사이클 Recycle, 에너지 효율을 기반으로 한 '상생 경영'을 구축하고, 사회적 기업으로서 고용 안정화 정책과 연필장학재단 후원, 문구Art 박물관 사회공헌 활동을 통해 '나눔 경영'에도 이바지해 나갈 것이다. 또한 '윤리 경영'을 기반으로 한 투닝한 기업 문화 조성에도 주력해 나갈 것이다.

## 문구는 Art다

문구에 가치를 더하면 '작품'이 되고 'Art'가 된다.

알파는 이러한 문구 산업의 미래 비전을 재조명함과 동시에 창립 50주년을 기점으로 '문구는 Art다'라는 미래 100년 경영 철학을 새롭게 정립하고 차별화된 상품 전략으로 문구의 가치를 높여 나가고 있다.

문구는 인간의 꿈과 희망을 실현하는 매개체이자 미래를 선도하는 리더의 필수 용품이다. 우리는 문구를 통해 과거의 기록을 접하고 현재를 표현하며 미래로 이어질 지식과 꿈을 키워 나간다. 또한 그 자체로 하나의 '작품', 즉 Art로서 삶의 질을 높이고 윤택하게 만드는 요소이기도 하다. 대표적인 지식 기반 산업으로서 숱한 변화와 혁신을 이끌며 발전해온 문구의 역사는 디지털 혁명과 같은 대전환 속에서도 흔들림 없이 이어지고 있다.

알파㈜ 이동재 회장은 읽고 쓰고 말하는 과정에서 창의력과 소양을 쌓는 토대로서 문구의 기본 가치를 지켜 나가는 동시에, 문구의 문화적 확장성에 주목해 예술과 생활 편의 영역으로까지 그 가치를 넓혀가고 있다.

이 회장은 문구의 미래 가치를 조망해볼 때, '도구'적인 측면에서는 '언어 표현의 완성체'가 될 것이고, '산업'적인 측면에서는 사회 지식의 기반으로 자리 잡을 것이며, '생활'적인 면에서는 라이프 스테이션을 완성해 나가는 기폭제가 될 것이고, '개발'적인 면에서는 자신의 완성도를 높여 나가는 가치 있는 매개체가 될 것이라고 힘주어 말한다. 즉, 과거 학습 위주의 '연필'은 진화 과정을 거쳐 IT 기기를 컨트롤하는 '스마트 펜'으로 변모해 첨단 산업의 초석이 되었다. 또한 쓰고, 읽고, 메모하는 문구의 기능은 산업의 발달과 함께 변화 과정을 거치며 '스마트폰'이라는 최첨단 문구를 만들어내게 된 것이다. 이처럼 문구는 산업의 격동 속에서도 변화와 혁신을 통해 가치를 만들며 사회 깊숙이 뿌리내리고 있다.

최근 문구가 사양 산업이라고 말하는 이들도 있지만, 이것은 잘못된 생각이다. 문구는 격동기를 거치는 가운데 변화와 혁신을 통해 그 범위를 확장해왔고 사회적 역할을 키워왔다. 그 과정에서 문구 프랜차이즈가 생겨났고 대형 문구점과 전문적인 형태의 차별화된 문구점들도 새롭게 탄생했다. 다만, 코로나19 팬데믹을 겪으며 더욱 빠른 속도로 변하고 있는 소비 트렌드와 점점 치열해지는 경쟁에서 '생존'하기 위해서는 실질적이고 지속 가능한 가치 창출과 성장 전략이 필요하다.

(1) 개개인의 자발적인 자기계발 학습이 이뤄져야 한다. 그중에서도 일간지 필독을 통해 견문을 넓히는 것은 가장 기본적인 자기계발 학습 방법이다.

세계 1위 최초, 최고, 최다 문구 Art 편의 체인점 알파.

(2) 회사 이익률 개선을 위한 뚜렷한 목표와 노력이 전제되어야 한다. 이제 무조건 매출만 우선시하는 시대는 지났다. 기업의 진정한 목표인 이익률을 높이기 위해서는 매출과 투자비용에 대한 분석을 기반으로 한 스마트한 경영 전략이 뒷받침되어야 한다.

(3) 차별화된 상품 개발과 창의적인 디자인 전략이 필요하다. 최근 MZ세대가 소비 주체로 떠오르면서 퍼스트First와 베스트Best 상품 즉, 독특하고 개성 넘치는 디자인과 차별화된 가치를 담은 상품이 시장을 지배하고 있다. 이러한 트렌드에 부응하지 못하면 시장 경쟁에서 밀릴 수밖에 없다.

(4) 물류와 사업부 간의 정보 공유와 시스템 연결이다. '마켓컬

리' 등 식품 유통 업계에서 시작된 퀄리티를 동반한 빠른 배송 서비스는 코로나19 이후 전 분야로 확산되며 뉴노멀 시대의 새로운 기준이 되고 있다. 따라서 문구 유통에서도 사업부와 물류 시스템 간의 체계적인 네트워크를 통해 빠르고 정확한 배송 서비스 역량을 갖추는 것이 무엇보다 중요하다.

(5) 홍보 마케팅 전략이다. 이제 광고에 홍보 마케팅 역량의 대부분을 쏟아붓던 시대는 지나갔다. 좀 더 친밀하고 개별적인 매체를 통해 소비자의 공감과 감성을 끌어낼 수 있어야 한다. 따라서 소셜네트워크서비스를 통해 소비자와 지속적으로 연결되는 커뮤니티 구축이 필요하다.

이러한 지속 성장 정책을 실천하고 현실화한다면 문구 산업의 밝은 미래를 만들어갈 수 있다.

## 문구 Art 편의 프랜차이즈 기업

프랜차이즈 도입으로 문구 산업의 패러다임을 견고하게 구축한 것은 알파 이동재 회장이 이룩한 가장 큰 업적 가운데 하나다. 이 회장은 1971년 남대문에 알파 본점을 설립하고, 1987년 국내 최초로 문구 프랜차이즈를 도입했다. 현재 알파는 전국 750여

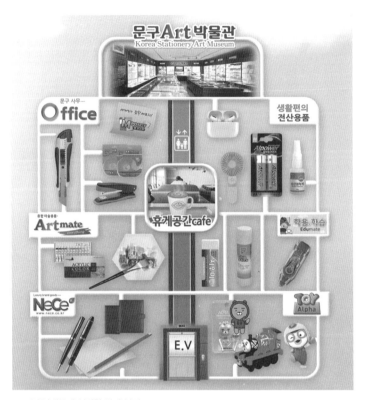

1971년 남대문에 설립한 알파 본점.

가맹점을 보유한 대한민국 대표 문구 프랜차이즈 기업으로서 7만여 품목의 다양한 상품을 온·오프라인 시장에 유통하며 국내 최초·최고·최대의 문구 생활 종합 유통 프랜차이즈로 성장해왔다.

이 회장이 문구 프랜차이즈 가맹 사업을 시작할 당시, 시장 상황은 하루가 다르게 변하고 있었다. 대형 할인점과 대형 서점의 등장으로 동네 완구점과 서점 등이 생존을 위협받고 있었고, 문구 업계 역시 불확실성에 노출돼 있었다.

이동재 회장은 "문구점이라 해서 결코 안정적이라고 장담할 수 없고, 언제 사양 산업으로 내리막길을 걷게 될지 알 수 없다고 판단, 생존을 위한 차별화 전략으로 '문구 프랜차이즈'를 도입했다"고 설명한다.

프랜차이즈 도입 초창기에는 알파가 구축해온 신뢰 하나만으로도 살아남을 수 있었다. 제품에 이상이 있을 때 영수증만 있으면 전액 현금으로 환불해주었고, 주문한 상품을 빠른 시간 안에 받을 수 있도록 직접 발로 뛰며 배송을 해줬기 때문이다.

하지만 그마저도 눈에 띄게 변하는 시장 상황 속에서 더 이상의 안전장치가 되어주지는 못했다. 온·오프라인을 막론하고 서점부터 마트까지 문구를 취급하는 유통 채널이 급속히 늘어났다. 특히 저가 생활용품점의 가격 공세는 문구 가맹점의 어려움을 더욱 가중시켰다.

이 회장은 급변하는 유통 환경에 대응하기 위해 다시 한번 혁신을 시도했다. 이번에는 '시장 통합' 전략을 세워 문구부터 전산, IT, 생활용품, 식음료를 망라하는 '문구 편의 shop' 모델을 구축하며 정면승부를 띄웠다. 문구와 오피스, 그리고 생활 영역을 하나로 연결하는 새로운 모델을 제시한 것이다.

또 모든 가맹점 매장에 '포스POS'를 도입하며 시스템의 혁신도 꾀했다. 소비자 대응력을 높일 수 있도록 포스 시스템을 기반으로 전국의 체인점과 본사 간의 네트워크를 연결시켜 가격 오차를 줄이고 운영의 투명성을 증대시킨 것이다.

이러한 '창조적 변화와 혁신'은 알파가 수년간 대한민국을 대표하는 문구 산업의 대명사로 장수하는 원동력이 됐다. 이 회장은 "어떠한 환경 속에서도 문구가 롱런할 수 있도록 문구 산업의 체질 개선에 힘썼다"며 "그것이 국내 문구 산업을 위해 알파가 해 나가야 할 중요한 사명"이라고 말한다.

## 신新문구 가치 창출, 알파몰

이 회장은 '문구 Art 편의 프랜차이즈'를 모토로 문구의 가치를 확장하고 인재 양성, 효율적 관리 등을 기반으로 내실 다지기에 주력하며 외형을 키워왔다. 대표적인 것이 외환 위기가 한창이던 1999년, 고객들의 라이프 사이클의 변하는 흐름에 맞춰 오픈한 온라인 쇼핑몰 '알파몰(www.alpha.co.kr)'이다.

최근 코로나19 이후 언택트 소비 트렌드가 빠르게 확산되는 가운데, 알파는 오랜 기간 다져온 온라인몰 운영 노하우와 전국적인 오프라인 유통망을 토대로 온·오프라인 통합 서비스를 제공하며 주도적으로 시장의 변화에 대응하고 있다. 또한 가맹점주도 온라인 독립 쇼핑몰을 운영할 수 있도록, 소상공인에게 다소 부담이 될 수 있는 온라인몰 관련 기술 및 디자인 지원을 제공하는 제도도 운영 중이다.

소비자의 다양한 수요 접근에 부합하도록 업계 최초로 모바일 서비스를 구축, 문구 스마트 쇼핑 시대를 연 것도 알파다. 이밖에 B2B와 MRO 시스템을 도입해 전반적인 문구 유통의 혁신을 꾀한 것, 문구 업계 최대 물류 인프라를 구축해 당일 및 익일 배송 체제를 확립한 것도 이 회장이 알파의 이름으로 이룩한 괄목할 만한 성과다.

알파는 경쟁력 제고를 위해 자체 브랜드, PB 상품 개발에도 주력해 3,000여 가지에 이르는 PB 상품 라인업을 구축하는 성과를 이룩해냈다. 특히 품질과 디자인이 우수한 제품을 고객에게 저렴하게 제공하기 위해 상품 개발에도 적극적으로 나섰으며, 그 결과 점착 메모지인 엠포스지M-POSGY와 엠테이프M-TAPE, 성능 좋고 오래 가는 알파워Alpower 건전지, 미술 용품 브랜드 아

알파는 경쟁력 제고를 위해 자체 브랜드 개발에도 주력한 결과, 성능 좋고 오래 가는 알파워 건전지, 몸이 사랑하는 물 알파水 등을 출시했다.

트메이트Artmate, 럭셔리 브랜드 네쎄NeCe, 지능 학습 개발 브랜드 토이 알파Toy Alpha, 몸이 사랑하는 물 알파水 등 다채로운 브랜드와 상품이 출시됐다.

특히 점착 메모지 '엠포스지'는 글로벌 시장을 겨냥해 출시한 야심작으로 전 세계 56개국에 상표를 출원한 제품이다. 엠포스지는 우수한 품질과 디자인을 인정받아 2013년(중소기업청장상), 2014년(산업통상자원부장관상), 2015년(중소기업청장상), 2017년(중소기업청장상), 2018년(중소기업청장상) 5회에 걸쳐 신제품경진대회 수상의 영예를 안았으며, 2019년에는 엠 다용도 테이프가 산업통상자원부장관상을 수상했다. 엠포스지와 엠테이프는

점착 메모지 '엠포스지'와 '엠테이프'는 글로벌 시장을 겨냥해 출시한 야심작이다.

2017년 한국산업진흥원에서 선정한 '서울시 우수중소기업상품'으로도 선정되어 '우수상품 인증마크'와 '혁신상품'으로 소비자에게 선보이고 있다.

현재 알파는 매월 15개가량의 제품을 선보이고 있는데, 이러한 PB 상품 개발은 영세한 국내 문구 제조 사업자에게 생산 기회를 제공해 안정된 수급과 자금 회전에 기여한다는 점에서도 높이 평가받고 있다.

이렇듯 이 회장은 제조와 유통이 유기적으로 결합된 독특한 경영 전략을 통해 문구 산업 전반에 걸쳐 긍정적인 영향을 미치고 있다. 또 이러한 막강한 브랜드 파워를 토대로 해외 시장 진출에도 박차를 가할 계획이다. 현재 알파는 베트남·미얀마·몽골·아프리카 등에 제품을 수출하고 있으며 점차 그 지역을 확대해 나갈 예정이다.

## 종합 미술용품 브랜드, 아트메이트

알파는 미술 재료 종합 유통 브랜드인 아트메이트의 영역을 확장해 미술 재료와 모형 재료, DIY, 인테리어 용품 등을 포함한 온·오프라인 종합 미술 용품 브랜드로 새롭게 선보였다.

아트메이트는 국내뿐 아니라 글로벌 시장을 타깃으로, 'K-문구'를 대표하는 미술 전문 브랜드 상품을 비롯해 국내외 유명 제품 5만여 품목을 한곳에 모았다.

특히 화방 제품에만 국한되어 있던 기존의 시스템을 혁신해 일상 속 예술 활동에 필요한 미술 재료와 취미, 힐링 상품 등을 보강했다. 또한 다양하고 섬세한 소비 패턴에 맞추어 유형별 카테고리 상품을 구성하면서 복잡하고 어려웠던 구매 시스템에도 편의성을 더했다. 최근 장기간 지속되는 사회적 거리 두기로 '집'이 소비의 중심으로 떠오른 가운데 취미 미술에 관한 관심이 높아지면서, 취미 영역까지 상품 카테고리를 확장한 아트메이트의 선택이 빛을 발하고 있다.

알파의 차별화 시도는 이뿐만이 아니다. 종합 미술 용품 브랜드 전문 카탈로그를 만들어 B2B, B2C 고객을 비롯해 예술계 학교, 단체, 마니아 등 다양한 업계에서 온·오프라인으로 편리하

미술 재료와 모형 재료, DIY, 인테리어 용품 등을 포함한 온·오프라인 종합 미술 용품 브랜드로 새롭게 선보인 아트메이트.

게 이용할 수 있도록 하면서 위축된 화방 시장에 새로운 활기를 불어넣는 동시에 생산과 유통이 함께 성장하는 상생의 장을 마련했다.

## 문구의 역사와 가치 재조명, 문구ART박물관

옛날 어른들이 사용하던 학용품부터 연필이 만들어지는 과정까지 문구에 대한 궁금증을 해결하고, 국내 문구 산업의 변천사와 주요 문구 업체들의 역사도 한눈에 볼 수 있는 문구Art박물관이 서울 남대문에 정식으로 개관한 지 3년이 흘렀다. 문구Art박물관은 국내 최초의 공식 문구 박물관으로, 귀중한 문구 관련 자료와 다양한 전시품을 통해 문구의 과거·현재·미래를 연결하며 문구에 담긴 소중한 가치와 메시지를 되새겨볼 수 있는 장소다. 문구Art박물관은 오래된 빈티지 문구와 희귀한 한정판 문구, 생활과 관련된 다양한 전시물을 통해 문구의 역사와 가치를 재조명하고 문구 업계 종사자를 비롯해 문구를 아끼고 사랑하는 일반인들과 함께 문구의 과거·현재·미래를 공유하기 위해 개관한 국내 최초의 문구 전문 박물관이다.

메인 전시실과 갤러리에 마련된 제2전시실 2개의 전시실로 이뤄진 문구Art박물관에는 개인 기증자와 문구공업협동조합, 주요 문구 업체 등에서 기증받은 1,000여 점의 소장품이 빼곡히 전시되어 있다.

1950년대부터 현재까지 문구 역사의 흐름을 한눈에 볼 수 있는 귀중한 문구 자료들이 가득하며 옛날 타자기, 주판, 악기 등 추억을 불러일으키는 소품들이 전시되어 있다. 특히 모나미, 알파, 동아연필 등 오랜 전통을 지닌 문구 업체들과 콜라보레이션으로 제작된 전시대에는 각 업체의 대표 제품과 브랜드 히스토리를 확인할 수 있는 자료가 충실히 갖춰져 있고, 한정판 문구나 각종 스페셜 에디션을 만나보는 귀한 체험도 할 수 있다.

문구Art박물관은 단순히 옛날 문구 제품을 모아놓은 박물관

인류와 문구 문화의 시작...

문구의 과거·현재·미래를 공유하기 위해 개관한 국내 최초의 문구 전문 박물관인 문구Art박물관.

이 아니다. 시대적 의미를 담고 있는 독특하고 특징적인 소장품과 다양한 상품 전시를 통해 문구 가치의 본질을 조명하고, 현대 사회에서 요구되는 차별화된 경험 제공에 일조하는 '문화 콘텐츠 박물관'으로서의 기능을 충실히 갖추고 있다는 점이 여느 박물관과 차별화되는 가장 큰 특징이다. 아이들에게는 신기한

옛날 문구를 구경하는 기회를, 어른들에게는 옛 향수를 떠올리며 추억에 잠길 수 있는 시간을 주는 문구Art박물관은 재미와 의미를 모두 갖춘 문화 명소로 자리매김하고 있다.

## 문구 업계 홍보 대변지, 〈문구Art매거진〉

이동재 회장은 안으로는 알파의 내실을 다지고 밖으로는 문구인의 권익 향상을 위해 공헌해왔다. 1992년 전국문구협동조합 이사를 시작으로, 2010년부터 현재까지 한국 문구 업계를 대변하는 ㈔한국문구인연합회 이사장으로서 문구 전문 월간지 〈문구Art매거진〉 발행을 통해 최신 문구 시장 동향 등 문구 산업을 홍보하는 데 앞장서 왔다. 국내 문구 소매점, 문구 유통 업체, 문구 도매 업체, 문구 생산 업체를 비롯한 관공서·학교·기업 등에 매월 1만 부가 무상 배포되고 있는 〈문구Art매거진〉은 문구 업계 최고의 대변지로 평가받고 있다.

## 사회공헌 실천하는 나눔 경영, 연필장학재단

이동재 회장은 "나눔의 실천은 인류가 발전하는 길이다"라고 늘

강조한다. 이 회장의 나눔 정신은 알파의 역사 속에도 고스란히 녹아 있다.

현재의 알파를 있게 한 알파 남대문본점은 1970년대 남대문 주변 상인들에게 수도와 화장실을 개방한 것을 시작으로 상생의 정도를 걸어왔다. 10여 년 전부터는 본점 내에 '알파갤러리'를 오픈해 어려운 환경 속에 작품 활동을 하는 신진 작가들에게 무료 전시 기회를, 매장을 방문하는 고객에게 무료 관람의 기회를 제공했다. 현재는 문구Art박물관 내 제2전시실을 작가들의 무료 전시 공간으로 개방하고 있다.

2006년 설립한 '연필장학재단'은 그가 일궈낸 사회공헌 활동의 집약체다. 자신의 몸을 깎아 더 나은 미래를 열어주는 연필의 희생과 봉사 정신을 담는다는 취지로 연필장학재단 초기에는 직원들이 점심 한 끼를 줄이고 후원금을 마련하는 것으로 출발했다. 현재는 체인점, 협력체, 고객들이 보탠 작은 성성을 모아 중고등학생을 대상으로 연간 3억 원가량의 장학금을 지원하고 있다. 2007년부터는 지원 대상을 확대해 외국인 유학생들에게도 장학금의 기회를 제공한다. 현재까지 500여 명이 지원을 받은 상황으로, 앞으로 10만 회원 모집을 목표로 하고 있다.

문구인의 지식 함양과 창업 비전 등을 교육하는 '문구유통사

251

# 모두 **사랑하세요**

## 사랑하는 연필장학재단 장학생 여러분!

이동재 회장이 일궈낸 사회공헌 활동의 집약체인 연필장학재단.

관학교'도 알파가 실천하는 또 다른 사회 나눔 활동이다. 알파 구성원과 가맹점, 창업 희망자를 대상으로 경영과 경제 지식, 마케팅 영업 전략, 창업의 기본 요건 등을 교육한다. 문구유통사관학교를 통해 알파는 매년 우수 인력을 배출하고 있는데, 경영 이론뿐 아니라 실제 문구 프랜차이즈 경영에 필요한 실질적인 현장 교육을 제공해 인기가 높다.

　이동재 회장은 이처럼 다채로운 사회 나눔 활동을 지속하고 있으며, 그러한 공로를 인정받아 2005년 중소기업유공자 국무총리 표창, 2006년 대통령 표창, 2009년 산업포장 훈장을 수여받았다. 하지만 이동재 회장은 이에 안주하지 않고 앞으로도 문구인으로서 더 큰 그림을 그려 나가겠다고 말한다. 뿌리가 튼튼해야 제대로 가지를 뻗고 많은 과실을 기대할 수 있는 것처럼, 생산과 유통 전반이 화합·상생하는 방안을 강구함으로써 문구 산업 발전의 시너지를 배가하겠다는 계획이다.

## 함께한 50년, 함께 갈 100년

알파는 창립 이후 50년 동안 제조와 유통을 결합한 차별화된 전략으로 문구 업계의 리더로 성장을 지속해 나가고 있다. 더불어 세계인과 소통하는 글로벌 기업으로서의 준비를 착실히 해 나가고 있다. 이제 앞으로의 100년을 향한 출발점에 선 알파는 미래를 향한 불꽃처럼 타오를 세계인의 기업으로 발돋움하기 위해, 단순한 상품이 아닌 인류의 미래를 열어갈 작품으로서 문구 Art 시대를 펼쳐 나갈 것이다.

총장
이철성

 건양대학교

# 건양대학교

## 학력

| | |
|---|---|
| 1964 | 서울특별시 출생 |
| 1983 | 환일고등학교 졸업 |
| 1983~1987 | 고려대학교 사학과(문학사) |
| 1987~1989 | 고려대학교 한국사(문학석사) |
| 1991~1997 | 고려대학교 한국사(문학박사) |

## 경력

| | |
|---|---|
| 1998.02~2002.02 | 건양대학교 교양학부장 |
| 2006.02~2008.01 | 건양대학교 비서실장 |
| 2008.02~2011.05 | 건양대학교 총무처장 |
| 2011.06~2015.12 | 건양대학교 군사경찰대학장 |
| 2016.01~2017.02 | 건양대학교 비서실장 |
| 2017.08~2021.02 | 충남지역문화연구소 연구소장 |
| 2018.08~2019.08 | 건양대학교 부총장 |
| 2019.06~2021.06 | 세종특별자치시 세종학 진흥위원 |
| 2019.10~2021.10 | 충청남도 문화재 위원 |
| 2021.01~현재 | 건양대학교 총장 |

건양대학교
KONYANG UNIVERSITY

1991년 개교한 건양대학교(총장 이철성)는 대학 설립 때부터 '가르쳤으면 책임진다'라는 철학으로 전국 최초 동기유발학기 시행, 전국 최초 융합전문단과대학 설립, 전국 최초 의료공과대학을 설립했다.

대학의 경쟁력과 교육의 질을 높이기 위해 '산업 연계 교육 활성화 선도대학LINC', '잘 가르치는 대학ACE', 'CKUniversity for Creative Korea' 사업 등 수많은 주요 국책 사업을 수행했으며, 그 결과 5년 연속 취업률 톱 5, 국내 최초 세계 디자인 공모전 본상 수상 및 ADSApple Distinguished School 등에 선정되는 성과를 이뤄왔다.

글로벌 기업 애플이 선정하는 ADS는 애플이 해마다 전 세계에서 가장 혁신적인 단과대학을 지정하는 제도로 미국의 예일대학과 오하이오주립대학, 영국 맨체스터대학 등이 선정됐다. ADS로 선정된 건양대 PRIME창의융합대학은 이처럼 세계 최고의 명문 대학들과 어깨를 나란히 하는 혁신적인 교육을 운영하는 대학으로 인정받은 것이다.

건양대는 인성 함양과 실용 강화에 역점을 두고 교육 과정과 학사 제도의 차별화를 추구하며 지역뿐 아니라 전국적으로 새로운 대학 문화를 창조하고 있다.

건양대는 2015~2016년 2년 연속 취업률 80%를 돌파하는 쾌

건양대학교 논산 창의융합캠퍼스 전경.

거를 달성했으며 2014년 말일 기준 74.5%의 취업률로 전국 4년 제 대학 가운데 '다'그룹(졸업자 1,000명 이상~2,000명 미만) 중 1위를 달성한 바 있다. 이후 2015년 81.9%, 2016년 80.2%로 2년 연속 취업률 80%를 넘어선 것이다.

건양대는 1991년 개교 이래 지속적으로 높은 취업률을 기록 하며 취업 명문으로 자리 잡아왔다. 2004년 전국 최초로 취업 지원을 위한 전용센터를 개관하고 면접 대처 능력 강화 프로그 램(3·4학년 고학년 전체 대상 운영, 참여율 90% 이상), 취업 교과목, 기업 분석 공모전, 커리어 역량 강화 프로그램 등 타 대학보다 앞서 다양한 취업 프로그램을 도입했다.

또한 전국 최초 융합전문단과대학과 의료공대를 설립하는 등 전문성을 갖춘 차별화된 교육 과정 및 특성화 학과, 실무 중심의 교육, 철저한 학사 관리, 체계적인 취업 지원과 교과외 프로그램을 운영해왔고 2015년부터 전국 최초로 취창업 동기유발학기를 시행하기도 했다.

## 교육의 성과는 학생으로 말한다,
## 책임지는 교육 건양대학교

고등 교육 기관인 대학에서 '교육의 성과'라고 할 수 있는 것은 바로 교육을 받은 학생이 이룬 성과와 같다고 할 수 있다. 그런 점에서 최근 건양대 학생들이 각 분야에서 만들어내고 있는 성공 사례야말로 건양대가 추구하는 혁신 교육의 결과물이라고 할 수 있다.

2017년 3월 독일에서 열린 2017 IF 디자인 어워드에서 대상 격인 골드어워드를 국내 대학 최초로 수상한 건양대 융합디자인학과는 2018년 9월 싱가포르에서 열린 레드닷RedDot 디자인 어워드 시상식에서 본상인 '위너Winner'를 수상했다. 이어 2021년에도 레드닷 디자인 어워드에서 본상인 '위너' 수상, 미

GS ITM에 7명이 조기 취업한 건양대 학생들과 지도교수.

국에서 2번째로 규모가 큰 공모전인 스파크SPARK 디자인 어워드에서 본상을 수상하는 등 세계 3대 디자인 공모전 중 2개에서 3년 연속 수상 작품을 배출하는 국내 대학 초유의 '사건'을 만들어냈다.

건양대 의과대학 대학원 박사과정을 나온 전성각 졸업생은 과학기술논문색인SCI급 저널에 10편에 달하는 논문을 출판하는 등 눈부신 연구 성과를 올리며 건양대 재학생 최초로 생물학연구정보센터BRIC가 주관하는 '한국을 빛내는 사람들'에 선정됐으며 현재 국민대에서 전임교원으로 재직 중이다.

건양대 의공학부 박민석, 의료공간디자인학과 손주희 학생은 습기가 많아 약품의 보관이 쉽지 않은 동남아 국가를 위한 약병인 '킵-캡<sub>Keep-Cap</sub>'을 개발했다. 이는 특정한 지역의 사정에 알맞은 기술적 해법을 제시하는 적정 기술 개념을 도입한 것이다. 그 결과 이 제품은 국내 각종 공모전 수상 및 우수 창업 사례로 손꼽히며 2021년 베트남 국방병원에 약 5,000개가 도입됐다.

2019년 12월 건양대 논산 창의융합캠퍼스에 재학 중인 학생 7명이 서울에 있는 유수의 정보 기술 기업에 동시 취업해 화제가 됐다. 더욱 놀라운 것은 이들이 모두 같은 학과 3학년으로 졸업도 하지 않은 상태에서 조기 취업했다는 것이다. 이 학과는 기업소프트웨어학부로 이들을 채용한 기업은 GS그룹의 계열사로 있다가 독립한 IT 토털서비스 기업 GS ITM이다.

조기 취업한 7명의 학생이 가진 공통점은 그들 모두 SAP ABAP 국제 공인 자격증을 보유하고 있다는 점이다. 대중에게는 조금 생소하지만, 독일에 본사를 두고 있는 SAP는 기업용 ERP 소프트웨어 분야에서 글로벌 1위 기업으로 국내에서도 삼성, 현대기아차, LG, SK 등 주요 대기업이 활용하고 있는 국내 ERP 시장 점유율 1위 기업이다.

기업소프트웨어학부는 SAP와 함께 SAP용 소프트웨어 전문 개발 인력 양성을 위해 SAP의 공동으로 S/4 HANA 라이선스를 이용해서 교육 과정을 개설해 운영해오고 있다. 덕분에 SAP 전문가를 원하는 수많은 기업이 앞다퉈 기업소프트웨어학부를 졸업한 인재를 데려가고자 하고 있으며 7명이 동시에 한 기업에 조기 취업하는 성과까지 이어진 것이다.

## 캠퍼스 특성화로 시대와 학생이 원하는 대학이 되다

이러한 교육 성과에 만족하지 않고 교육 혁신을 향한 건양대의 노력은 계속되고 있다. 2021년 개교 30주년을 맞는 건양대는 4차 산업혁명 시대에 걸맞은 교육 혁신 대학으로 발돋움하기 위해 '인간 중심의 사회적 가치를 실현하는 교육 혁신 대학'을 핵심 비전으로 하는 'HUMAN 2025 중장기 발전 계획'을 발표하고 향후 5년간 960억 원의 예산을 투입하고 있다.

특히 이번 '2025 중장기 발전 계획'은 건양대가 2000년대 후반부터 꾸준히 진행해온 양대 캠퍼스의 학문 분야별 특성화에서 한발 나아가 지역을 기반으로 한 산학 협력 체계를 한층 더 정밀하고 구체적으로 확정하게 된다.

논산 창의융합캠퍼스의 경우, 지방자치단체와 함께 방산 전문인력 교육, 연구 개발 및 기술 지원, 창업 지원 등 근로자·학생·기업을 위한 최적의 교육·연구 환경을 제공할 국방산학융합원

건양대학교 대전 메디컬캠퍼스 전경.

설립을 추진하기로 하는 등 지역 사회에 실질적인 도움이 되고

무엇보다 지역이 장기적으로 발전할 수 있는 성장 동력을 만드

는 데 주력하고 있다.

대전 메디컬캠퍼스의 경우 의학과, 간호학과 등 보건의료계열 학과들이 집중돼 있고 건양대병원도 같이 위치해 있다는 특성을 활용해 산업체·학교·연구소·병원의 융복합 클러스터인 의료기술원을 설립하기로 했다.

의료기술원은 기업·학교·연구소·병원이 경계 없이 융·복합 연구를 수행할 수 있는 연구센터로 대전광역시 중점 연구 분야인 4차 산업혁명 기술을 적용한 바이오 헬스 케어 신시장 개척의 첨병 역할을 하게 된다.

특히 학생 친화적 교육 혁신을 선도하기 위한 EIC<sub>Education Innovation Center</sub>를 구축했으며 EIC 내 교육혁신원(교육성과관리센터, 비교과센터), 취창원지원센터, 대학혁신지원사업단이 자리 잡아 유관 행정 부서의 집적화를 통해 학습 지원 수요에 대한 공간적 제약을 상쇄하는 한편 다양한 기숙형 프로그램 운영이 가능해져 학생의 자기 주도적 학습 환경이 한층 더 완성형으로 이루어지게 됐다.

## 학생 친화적 교육 혁신으로 4차 산업혁명을 이끌다

건양대학교는 2020년 4월 치료 중심에서 예방 중심으로의 의료

환경 패러다임 변화에 대응하고 4차 산업혁명 시대에 필요한 인공지능 인력 양성을 위한 '의료인공지능학과'를 신설했다.

2021년 첫 신입생을 받은 의료인공지능학과는 단순히 인공지능을 배우는 학과가 아니다. 건양대 의과대학 정보의학교실과 건양대병원 의료정보실 헬스케어 데이터사이언스센터, 대학병원과 협력하고 있는 여러 의료 인공지능 회사와 협력해 의산학 협력 체제를 구축하고 인공지능 전문 능력을 갖춘 의료 분야에 특화된 인공지능 인재를 양성하는 특성화 학과다.

전 세계 인공지능 SW 시장 규모가 2018년 157.4억 달러에서 2022년 570.8억 달러로 연평균 성장률 41.4%로 성장하는 가운데 우리나라의 인공지능 인력이 절대적으로 부족한 현실을 감안해 발 빠르게 나선 것이다.

## 2021년 개교 30주년, 기념보다는 감사를 나누는 한 해

1991년 설립돼 2021년에 개교 30주년을 맞은 건양대학교는 대학의 미래를 설계하고 건양 동문을 아우르며 그간 대학이 걸어온 역사를 되돌아보는 동시에 지역 사회와 함께할 수 있는 프로그램을 준비하고 있다.

최근 건양대 학생들이 각 분야에서 만들어내는 성공 사례야말로 건양대가 추구하는 혁신 교육의 결과물이라고 할 수 있다.

교수와 직원, 학생이 참여하는 가운데 '미래비전 및 학술분과', '발전기금 및 홍보분과', '역사기록 및 문화예술분과', '지역 사회 및 행사분과' 등 4개 분과를 만들어 기념사업을 진행하고 있다. 다만 코로나19로 인해 대규모 초청 행사가 불가능한 상황이기에 내부 구성원의 화합을 도모하고 나아가 우리 대학이 30년 동안 성장해올 수 있도록 도와주신 지역 사회에 감사와 도움을 드릴 수 있는 알찬 프로그램을 진행하고 있다.

건양대학교의 모태가 된 서울 김안과병원과 협력해 지역의 눈 수술이 필요하신 분들을 선정해 무료로 수술을 해드린다든가 지역민과 함께하는 거북이 마라톤 대회 및 페스티벌을 준비 중이다. 특히 우리 3만 7,000동문을 위한 홈 커밍 데이와 건양을 빛낸 동문 30인 선정 사업 등도 기획하고 있다.

대표이사
최현수

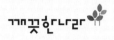

## 깨끗한나라

**학력**

2002      미국 보스턴대학 졸업

2005      게이오기주쿠대학 졸업

**경력**

2003      제일기획/스포츠마케팅

2006      깨끗한나라 생활용품사업부 마케팅/제품개발팀장

2013      깨끗한나라 경영기획실장

2014      깨끗한나라 생활용품사업부장

2015      깨끗한나라 총괄사업본부장

2019~현재      깨끗한나라 대표이사

**상훈**

2017      제지산업 발전 유공자 산업통상자원부장관 표창

2018      제52회 납세자의날 국무총리 표창

2020      글로벌브랜드역량지수 GBCI 화장지/기저귀 부문 1위

             글로벌고객만족역량지수 GCSI 화장지/기저귀 부문 1위

             제21회 사회복지의날 사회복지분야 유공 표창

2021      대한적십자사 회원유공장 명예장

## '혁신' DNA를 통한 열정과 도전

2021년 창립 55주년을 맞은 종합 제지 기업 깨끗한나라㈜ KleanNara Co., Ltd.는 산업용 포장재로 사용되는 백판지 등을 생산 및 판매하는 제지 사업과 화장지·기저귀·생리대 등을 제조 판매하는 생활용품 사업을 영위하고 있는 국내 유일 종합제지기업이다.

깨끗한나라가 탄생하고 성장할 수 있었던 배경은 바로 혁신 DNA를 통한 열정과 도전에서 찾을 수 있다. 2019년부터 깨끗한나라를 이끌게 된 최현수 대표는 취임 인사에서 "2019년을 턴어라운드Turn-Around의 원년으로 삼고 변화하는 환경에서 기업의 경쟁력을 높이기 위해 다방면에서 혁신할 것"이라고 밝혔다.

또한 '선택과 집중, 형식과 절차의 간소화, 자유로운 소통'을 강조하며 불필요한 형식을 최소화하고 빠른 의사 결정과 피드백으로 어려움을 타파해 나가겠다는 포부와 함께 혁신을 단행해 나갔다.

먼저, 사업 구조를 재정비해 선택과 집중을 할 수 있도록 자원을 재배치했다. 2019년 7월부로 각각 33년, 36년간 가동해온 제지 1호기와 초지 1호기 가동 중단을 통해 생산 효율성을 높이고, 부가 가치가 높은 프리미엄 지종에 집중해 경쟁력을 높였다. 급변하는 국제 정세와 자국 보호주의 등에 대응하기 위해 태국·필리핀·베트남·말레이시아 등의 동남아시아 지역으로 수출선을 다변화했다.

제품 개발에서도 선택과 집중을 통해 국민 니즈에 발 빠르게 대처했다. 기후 변화로 인해 황사·미세 먼지의 만연, 전염성 호흡기 질환에 대한 우려가 커지는 상황에서 마스크 생산을 결정했다. 이후 코로나19가 전 세계를 강타하면서 마스크 수요가 폭발적으로 증가해 매출을 견인하는 한편, 도움이 필요한 지역·의료진 대상으로 기부 활동을 전개했다.

여성의 생리 기간 중 Y존의 불편함을 호소하는 고객의 목소리를 귀담아들어 국내 최초 생리대에 더마(피부를 뜻하는 그리스어) 개념을 접목하고 독자적인 '에어엠보' 기술을 적용한 '디어스킨'을 출시했다.

금기시됐던 Y존을 언급했다는 파격과 함께 출시 6개월 만에 누적 판매 100만 개 돌파, 세계 최대 전자 상거래 플랫폼 아마존 Amazon 진출 등의 성과를 기록했다.

둘째, 급변하는 환경에 대처하고 업무 환경을 개선하기 위한 스마트 혁신도 추진했다. 조직 측면에서는 PI Process Innovation 팀을 새로이 발족하고 실시한 TOP<sub>Total Operational Performance</sub> 프로그램은 기업의 문제점을 단기간에 찾아 생산성과 기업 운영의 효율성을 높이는 데 핵심 역할을 수행했다.

업무 환경 개선을 위해 스마트 커뮤니케이션 시스템을 도입해 외부에서도 어플리케이션으로 간편하게 업무 수행이 가능하도록 했으며, 화상 회의 시스템을 구축해 시간과 장소에 제한 없이 신속한 의사 결정을 내릴 수 있도록 했다.

RPA<sub>Robotic Process Automation</sub> 를 통해 반복·수작업 업무 시간을 절감하고, 그룹 웨어, 무전표 시스템<sub>UAS</sub>, Next HR 등을 도입해 전사의 업무 효율성을 향상시켰다. 제지 업계 최초로 열화상 카메라를 탑재한 초경량 비행 장치인 드론을 도입해 사업장 외부의 안전사고, 화재, 환경 오염 여부를 사각지대 없이 실시간으로 모니터링하는 스마트 관리 체계를 도입했다.

또한 깨끗한나라는 2018년 동종 업계 내에서도 선세적으로 수분측정기 도입을 통한 투명한 유통 구조 확립에 힘써왔다. 제지 원료를 검수하는 과정에서 데이터에 기반해 거래대금을 설정함으로써 협력업체와 신뢰에 기반한 거래 관계 구축이 가능해진 것이다.

셋째, 활기차고 유연한 조직 문화 조성에도 힘썼다. 애자일<sub>Agile</sub>

조직 체계를 도입해 부서 간 경계를 허물고 필요에 맞게 소규모 팀을 구성해 업무를 수행해 급변하는 경영 환경에 대응할 수 있도록 했다. 수평적 관계에서 소통을 이끌어내기 위해 직급 단계를 기존 7단계에서 사원·선임·책임의 3단계로 조정하고 중요한 의사 결정 시에는 전 직원이 참여할 수 있는 사내 공모전을 통해 의견을 수렴했다.

임직원 개인의 일과 삶의 균형을 보장하고 시간과 장소에 구애 없이 효율적으로 업무를 수행할 수 있도록 Pc-off, 유연 근로제 등을 도입해 조직 내 건강한 문화 구축에 힘썼다.

이러한 다각적인 노력과 혁신을 통해 깨끗한나라는 2019년 매출 5,941억 원, 영업이익 51억 원의 실적을 올리며 턴어라운드에 성공했다. 최현수 대표는 이를 통해 경영 능력을 인정받아 이듬해 2020년 3월 이사회를 거쳐 사장으로 승진했다.

최현수 대표의 열정과 도전의 DNA는 고故 최화식 창업주로부터 왔다. 1966년 고 최화식 창업주가 대한팔프공업㈜을 설립하고 국내 최초로 라이너지를 생산하면서 제조업체로 터를 닦았다.

1975년 '화이트 호스WHITE HORSE'라는 고유 상표로 홍콩에 수출을 시작해 미국·호주·일본 등 세계에서 품질의 우수성을 인정받았다. 1979년에는 전량 수입에 의존하던 종이컵 원지의 제조 공법 특허를 국내 최초로 취득해 국내 특수지 업계 선두 주자로서 성공적인 사업 영역 확장을 이뤄냈다.

1983년 경영을 이어받은 최병민 회장은 제2차 오일 쇼크와 경기 침체 등 큰 위기 속에서도 새로운 각오 아래 창업 정신의 계승 발전과 함께 지속 성장의 방안으로 사업 다각화를 추진, 1985년 금강제지를 인수하며 화장지 사업에 뛰어들었다. 1986년 두루마리 화장지를 생산하고, 이어 1987년 독자 기술로 여성용 생리대 생산을 시작했다.

이듬해 아기 기저귀 생산으로 품목을 다각화했다. 이로써 대한팔프공업㈜은 제지 사업과 생활용품 사업을 영위하는 종합제지기업으로 변신했다.

## 토종 제지 기업의 해외 시장을 향한 꿈

깨끗한나라는 설립 초기부터 수출품 생산 지정 업체 인가와 수출입업 허가를 받는 등 수출을 염두에 두고 사업을 펼쳤다. 1975년 자체 브랜드인 '화이트 호스'를 앞세워 무역 중심지인 홍콩에 진출해 큰 인기를 얻었다.

깨끗한나라 청주공장 제지3호기.

　이후 '화이트 호스' 제품은 동남아시아와 중동 지역으로 수출 시장을 개척하며 1993년 제지 업체 최초로 5,000만불 수출의탑과 철탑산업훈장을 수상했다.

　이후 꾸준한 품질 개선 및 환경 친화적 신제품 개발을 통해 수출 제품의 질적 고도화로 대만·홍콩·중국의 중화권과 동남아시아 시장을 넘어 중남미·러시아·아프리카 등에 진출했다. 그 결과 2000년 11월 30일 무역의날에 1억불 수출의탑과 최병민 사장이 은탑산업훈장을 수상하는 영예를 안았다.

　이러한 55년의 생산 노하우와 세계 최고 수준의 생산 라인으로 백판지 생산량의 절반가량을 미국·일본·중국 등 40여 개국에 수출하고 있다.

미국 아마존에서 판매 중인 디어스킨 3종.

하지만 생활용품 사업은 사정이 달랐다. 2009년 당시 백판지를 30개국이 넘는 국가에 수출하며 글로벌 시상에서 입지를 다진 반면 기저귀, 물티슈, 생리대 등 생활용품은 모두 내수에 집중되어 있었다. 이에 백판지 수출로 개척한 해외 판로를 바탕으로 생활용품 수출을 모색했다.

2013년 홍콩 현지 업체 759스토어와의 만남은 중화권 수출의 성공적 교두보 역할을 했다. 홍콩은 중국 현지에 비해 소득 수준이 높아 프리미엄 제품에 대한 선호와 구매력을 갖추고 있었고 깨끗한나라 생활용품은 이러한 소비 성향에 부합했다.

특히 '보솜이 물티슈'의 인기가 폭발적이었는데, 매달 보솜이 물티슈를 가득 실은 컨테이너가 홍콩으로 출발했다. 주당 판매 수량은 약 9만 팩으로 다국적 기업과의 경쟁을 감안하면 놀라운 일이었다.

2013년 홍콩 수출을 시작으로 중국·대만에 이어 2020년 4월에는 싱가포르 3대 전자상거래 플랫폼 '라자다', '쇼피', '큐텐'에 깨끗한나라의 주력 생활용품을 입점시켰다.

최근에는 미국 최대 전자상거래 아마존에 '디어스킨', '깨끗한나라 황사 방역용 마스크 KF94' 등을 입점시키며 해외 시장 진출을 꾸준히 확대하고 있다.

## 지속 성장 비결은 '품질'과 '고객 만족'

창립 55주년의 첫발을 내디딘 2021년 최현수 대표는 경영 전략 과제 중 첫 번째로 고객 중심 경영을 선정했다. 이에 앞서 2020년 11월 2일 최고 수준의 고객 만족을 실현하기 위해 소비자 중심 경영CCM을 도입한다는 내용의 선포식을 진행했다.

CCM 도입 선포식.

　최현수 대표는 CCM이 전사에 녹아들고, CS 활동이 사후처리를 넘어 사전 예방까지 나아가도록 CCM 사무국을 신설했다. 홈앤라이프사업부 한재신 전무를 최고고객책임자cco로 임명해 고객 만족 활동을 상시 점검하고 관리하면서 고객 만족을 위한 전사의 긴밀한 협력을 주도하노록 했다. 기존 고객상담실도 고객만족팀으로 승격해 고객 서비스에 만전을 기했다.

　깨끗한나라의 역사에서 '품질', '고객 만족'은 놓칠 수 없는 핵심 가치였다. 깨끗한나라는 1990년대 후반 1,000억 원이 넘는 자금을 과감히 투자해 제지 최신 설비를 도입했고 신제품을 위한 연구 개발에도 투자를 아끼지 않았다.

2011년 사명을 변경한 후 깨끗한나라는 성장성 둔화에 직면한 제지 사업의 한계를 극복하기 위해 축적된 기술과 노하우를 바탕으로 고부가 가치인 식품 용지와 특수지 개발을 적극적으로 추진했다. 그 결과 2014년 깨끗한나라의 고급 포장 원지 아이보리 지종이 미국식품의약국 FDA 식품 안전성 검사를 통과하는 쾌거를 이뤘다.

깨끗한나라는 품질과 고객 만족을 위한 한발 앞선 노력들로 다양한 '최초' 수식어를 탄생시켰다. 생산 제품의 신뢰도를 높이고 수출 경쟁력 확보를 위해 1995년 한국품질인증센터로부터 ISO 9002 인증을 획득했다. 화장지, 패드 부문에서 국내 최초의 일이었다. 이어 2003년에 ISO 9001 인증을 획득해 품질 경영의 입지를 굳건히 했다. 1997년 순수 국산 브랜드로는 최초로 여성의 사회 참여가 활발해지던 시대의 니즈를 반영해 '매직스 팬티라이너'를 출시했다.

국내 생리대 제품 중 처음으로 최고 품질의 면 제품에 부착되는 미국 코튼 마크를 취득한 '순수한면', 국내 최초 천연 코튼 섬유를 적용한 '보솜이 천연코튼', 글로벌 트렌드에 부합해 국내 최초 라이크라 팬티형 설비 도입 등 고객 만족을 위해 끊임없이 노력해왔다.

나아가 깨끗한나라는 고객 만족을 극대화하고 고객의 삶의 질 향상을 위해서도 노력하고 있다. 최근 깨끗한나라 물티슈를 생산하는 자회사 보노아는 CGMP 인증을 획득함으로써 원료 구매부터 제조·포장·보관·출하까지 전 공정이 표준화된 기준에 적합하다는 사실을 입증했다.

'보솜이 리얼코튼', '촉앤감' 브랜드가 로하스LOHAS 인증을 획득하며 친환경과 사회공헌을 최우선 가치로 삼아 삶의 질 향상에 기여하는 브랜드라는 사실을 인정받았다.

## 사람愛, 나눔과 봉사를 통한 사회적 가치 실현

최현수 대표는 2021년 ESG 선포식을 통해 인권, 안전 보건, 동반 성장, 사회적 책임 등 사회적 가치를 기업 문화에 확산한다는 계획을 선언했다.

실제 최현수 대표는 마스크 착용 의무화 날에 직접 거리로 나서 마스크 무료 나눔 봉사에 참여하고, 코로나19로 고생하는 선별진료소 여성 의료진의 소식을 접하고 즉각적으로 생리대 기부를 결정하는 등 사회적 가치 실현을 위해 노력하고 있다.

2020년에는 유례없는 신종 코로나바이러스 재난 속에서 의료진 및 확진자 발생 지역에 마스크와 물티슈, 손소독제 등을 전달했다. 대구시에 마스크와 물티슈 등 위생용품을 기부했고, 청주시 피해 주민과 의료진에게 1억 원 상당의 위생용품과 기부금을 전달했다.

코로나19 전담 병원인 서울의료원 소속 서남병원에 성인용 기저귀와 물티슈 등을 기탁했다.

2020년 한 해 동안 깨끗한나라가 후원한 물품을 금액으로 환산하면 3억 3,000만 원에 달한다. 깨끗한나라는 지역 사회 복지 증진에 기여한 공로를 인정받아 제21회 사회복지의날에 사회복지 분야 유공 표창을 수상했다.

이 밖에 깨끗한나라는 라이프 사이클 전반에 해당하는 생활용품을 생산·판매하는 회사로 다양한 계층을 대상으로 사회공헌을 실시해왔다.

1사 1보육원 결연과 1사 1다자녀가정 결연 활동, 서울시청과 대한적십자, 비영리 단체를 통해 소외 계층 여성과 청소년들 대상 생리대를 지원했다.

생리대 이외에도 충청북도 청주시, 대전광역시, 충청남도 등 저소득층 가정의 영유아 및 장애인과 사회 복지 시설 등에 아기 기저귀를 기탁했다.

환경부 릴레인 캠페인 '고고 챌린지' 최현수 대표 동참.

특히 1988년 공장 준공 이후 현재까지 30년 이상을 터전으로 삼아온 청주에서는 관내 불우이웃 및 독거노인에게 정기적으로 생활용품을 기부하고 사회복지관에서 자원봉사 활동을 펼쳤다.

## 자연愛, 경영 전반에 녹아든 환경 보호 노력

2021년 2월 최현수 대표는 환경부 릴레이 친환경 캠페인 '고고 챌린지'에 참여해 생활 속 친환경 노력을 약속하고, 회사 차원의 친환경 활동 강화 의지를 밝혔다.

실제 최현수 대표는 ESG 경영 선포식을 통해 회사 차원의 친

환경 제품 및 소재 개발, 친환경 에너지 운영 등에 박차를 가하
겠다는 강한 의지를 표명했다.

최현수 대표는 취임 이후 지속가능성에 대한 투자와 노력을
아끼지 않았다. 폐자원 순환을 통해 에너지를 얻는 대규모 설비
투자로 '탈석탄화'를 달성하는 등 경영 전반에서 환경 보호를 실
천해왔다. 아기 기저귀 브랜드 '보솜이'와 여성 용품 브랜드 '순
수한면'은 불필요한 포장을 개선해 플라스틱 사용량을 줄였다.

이 밖에 다양한 친환경 경영을 통해 2018년 대비 2020년에는
대기 오염 물질 배출량 16% 감소, 온실 가스 배출량 11% 감소,
최근 2년간 환경 설비 투자 79% 상승 등 괄목할 만한 성과를 기
록했다.

창립 이후 깨끗한나라는 폐지를 재활용해 판지 원료로 사용
하는 자원 순환을 근간으로 한 사업으로 꾸준히 환경 친화적
인 사업을 영위했다.

1977년 종이컵 원지 국산화에 성공했는데, 사용 후 폐기된
것은 종이 원료로 재사용이 가능해 환경 측면에서 고무적이었
다. 1991년에는 기존의 컵라면용 스티로폼을 대체할 수 있는 컵
라면 포장용 종이 용지 개발에 성공해 사용 후 재생이 가능하
도록 했다.

1999년 환경 오염 논란을 빚은 폐종이컵을 회수하는 재활용 시스템을 구축해 4개 패스트푸드점을 대상으로 시범 실시하고 관공서, 학교, 고속도로 휴게소 등으로 확대했다.

한편 환경 정화 활동도 꾸준히 실천했다. 초기에는 사업장이 위치한 지역의 환경 정화 활동으로 출발해 이후 사람들이 즐겨 찾는 산이나 하천으로 활동 지역을 넓혀 나갔다.

그동안 남산야외식물원, 북한산 둘레길, 안양천, 한강공원, 청주 미호천 등에서 쓰레기 및 오물을 수거하는 등의 환경 정화 활동을 수행해왔다. 특히 녹색 기업으로서 국립관리공단과 금강유역환경청 등과 생태계보전관리협약을 체결하고 국립공원의 생태계를 교란하는 생물의 제거와 쾌적한 공원 조성을 위해 노력했다.

## 혁신을 통한 100년 기업 도전

55주년을 맞이하며 깨끗한나라 최현수 대표는 위기와 기회가 공전하는 현시점에서 국내 유일의 종합 제지 기업으로서의 위상을 공고히 하고 100년 기업을 향한 3대 경영 전략으로 고객 중심 경영, 디지털 전환Digital Transformation , ESGEnvironment, Social,

깨끗한나라 ESG 경영 선포식.

Governance 경영을 수립했다.

첫째, 고객 중심 경영을 강화해 고객 만족 제고 및 경쟁력을 강화한다. CCM 도입 및 인증 취득, 제품 경쟁력 강화, 고객 접점 활동 확대 등 고객의 중심에서 전사 경영 활동을 추진할 계획이다.

둘째, DX의 중장기 추진 계획을 수립하고 안정적으로 정착시킨다. 디지털 신기술 적용을 통해 환경 변화에 능동적으로 대처할 수 있는 업무 환경을 구축해 나갈 예정이다.

셋째, ESG 경영을 더욱 강화한다. 친환경 제품 및 소재 개발, 친환경 에너지 운영에 힘을 쏟을 예정이다.

또, 사회공헌 활동 및 ISO 45001(안전보건경영시스템) 인증 취득 노력에 더해 인권·안전 보건·동반 성장·사회적 책임 등 사회적 가치를 기업 문화에 더욱 확산시켜 나간다.

주주 가치 제고와 투명 경영으로 진실한 지배 구조를 확립해 나간다. 이에 IR을 강화하고 투명 경영을 확대하기 위한 노력을 지속할 예정이다.

깨끗한나라는 1966년 백판지를 생산하는 대한펄프공업㈜으로 출발해 화장지, 기저귀, 생리대, 물티슈, 마스크까지 일상에서 반드시 필요한 생활용품으로 사업 다각화를 이룬 국내 유일의 종합 제지 기업으로 성장했다.

55년의 역사를 이어오면서 수많은 시련과 위기를 겪기도 했지만, 구성원 모두가 합심해 슬기롭게 극복하고 위기에 강한 기업으로 변모했다.

홍성열

## 마리오아울렛

**학력**

| | |
|---|---|
| 1954 | 충청남도 당진 출생 |
| 2001 | 서울대학교 경영대학 최고경영자과정 수료(50기) |
| 2015 | 서강대학교 경제학 명예박사 |
| 2018 | 고려대학교 미래성장 최고지도자과정FELP 수료 |
| | INSEAD The Business School for the World(프랑스 파리) 수료 |

**경력**

| | |
|---|---|
| 1980 | 마리오상사 설립(현재 마리오쇼핑주식회사 회장) |
| 1998 | 대한패션디자이너협회 이사 |
| 2001 | 마리오쇼핑㈜ 대표이사 회장(현재) |
| 2003 | 한국패션협회KOFA 부회장 |
| | 아시아패션연합회AFF 한국위원회 부회장 |
| 2005 | 서울이업종교류연합회 제8대 회장 |
| 2008 | 전경련 국제경영원 이사 |
| 2011 | 서울 금천구상공회 제4대 회장 |
| 2013 | 사단법인 한국유통학회 고문 |
| 2015 | 대한상공회의소 유통위원회 부위원장 |
| | 농업회사법인 마리오허브빌리지 대표이사(현재) |

**상훈**

| | |
|---|---|
| 1994 | 상공자원부장관 표창(기술개발 및 경영합리화) |
| 1999 | 국무총리 표창(자기상표개발 유공업체) |
| 2002 | 대통령 표창(모범 중소기업인) |
| 2007 | 법무부장관 표창(지역사회 범죄예방 기여공로) |
| 2010 | 행정안전부장관 표창(개인정보보호 우수기업) |
| 2012 | '제17회 한국유통대상' 지식경제부장관 표창 |
| 2013 | 국무총리 표창(코리아패션대상) |
| 2015 | '제20회 한국유통대상' 대통령 표창 |
| 2018 | 제21회 자랑스러운 서강인상 |
| 2019 | '제24회 한국유통대상' 국무총리 표창 |
| 2020 | '올해의 브랜드 대상' 16년 연속 수상 |
| 2021 | '소비자 선정 최고의 브랜드 대상' 9년 연속 수상 |

## 국내 최대 규모 패션타운의 시발점, '마리오'의 혁신은 계속된다

홍성열 마리오아울렛 회장은 지난 41년간 패션과 유통 산업에 수많은 '최초'를 개척해온 장본인이다. 그가 41년 전 패션업에 도전할 때도, 21년 전 유통 채널로 뛰어들 때도 선구적인 발상이 지금의 마리오아울렛을 있게 한 원동력이다. 수많은 도전과 혁신적인 경영으로 새로움을 추구해온 그를 국내외 업계에선 '슈퍼 마리오'라고 불렀다.

## 독창적인 사계절용 니트로 대박 신화

홍성열 회장이 패션업에 도전한 건 41년 전으로 거슬러 올라간다. 1980년에 편물기 몇 대를 마련한 홍 회장은 서울 대방동에 작은 니트 공장을 열었다. 당시 국내 의류 업체는 대부분 외국 바이어들의 주문에 따라 정해진 디자인을 생산만 하던 시절이었지만, 홍 회장은 독창적인 제품을 만들기 위해 직접 디자이너를 두고 밤낮으로 일했다.

그렇게 편물기 몇 대로 시작한 사업은 1984년 여성 패션 브랜

마리오아울렛 조감도.

드 '까르뜨니트'를 출시하며 전성기를 맞았다. 홍 회장은 당시 니트는 겨울에만 입는 옷이라는 통념을 깨뜨리며 '사계절용 니트'를 선보였다.

그 결과 까르뜨니트는 일본 게이오백화점에 출점한 데 이어 국내 백화점에도 25개의 매장을 론칭했다. 사계절용 니트라는 홍 회장의 혁신적인 발상은 패션 본고장인 유럽에서도 해당 제품을 수입할 정도로 디자인과 품질을 인정받았다.

이러한 가운데 일본 바이어들은 홍 회장을 '슈퍼 마리오'라고 불렀다. 당시 일본에서는 닌텐도사가 개발한 게임 캐릭터 슈퍼 마리오가 선풍적인 인기를 끌고 있었다. 홍 회장은 주문 약속은 반드시 지키고, 작은 문제가 생겨도 직접 해외로 찾아가 해결하는 성실함으로 신뢰를 얻었다. 해외 바이어들 사이에선 마리오 제품을 수입하면 다 팔 수 있다는 평이 나왔다. 이를 바탕으로 마리오의 자체 브랜드 '까르뜨니트'는 1980년대 후반 국내 니트 시장에서 점유율 50% 이상을 차지하게 됐다.

## 불 꺼진 구로공단이 도심형 패션타운으로

홍성열 회장은 까르뜨니트로 성공 가도를 달렸지만, 그의 역발상은 패션 아이템에서 멈추지 않았다. '아울렛'이란 단어조차 생소하던 시절, 척박한 구로공단에 정통 패션 아울렛을 세운 것이 또 다른 발상의 전환이었다.

　IMF 외환 위기 이후 소비가 급격히 위축되면서 구로공단의 사업체들은 줄줄이 문을 닫고 몇몇 남은 기업은 중국이나 동남아 등 저임금 국가로 시설을 옮기기 시작했다. 1990년대 말 구로공단의 방대한 일대는 폐허나 다름없었지만 홍 회장은 이때 역발상으로 시장을 바라봤다. 이는 홍 회장이 까르뜨니트를 해외에 수출할 때 봐두었던 '도심형 아울렛'을 국내에서도 선구적으로 도입하기 위해서였다.

　홍 회장이 직접 패션 업체를 운영하다 보니 가장 큰 문제는 상품 재고와 유통이었다. 당시 공단에 입주한 봉제 업체 창고에는 재고가 쌓이는 반면 소비자들은 유통 채널의 한계로 백화점 같은 곳에서 비싼 가격에 제품을 사는 구조였다. 업체는 재고를 처리하며 소비자는 저렴한 가격에 좋은 제품을 살 수 있는 통로가 절실히 필요했다.

IMF 외환 위기 이후 당시에는 아울렛이라는 단어조차 생소했지만 홍 회장은 산업 구조가 3차 산업 방향으로 재편되고 있고 동시에 고품질의 브랜드를 저렴하게 소비하는 트렌드가 도래할 거라는 확신이 있었다. 외환 위기로 모두가 몸을 사리던 때에 홍 회장은 자신의 판단을 믿고 과감하게 밀어붙였다.

당시 가장 큰 문제는 입지였다. 경기 위축으로 부동산 가격이 급락한 땅이라도 유동 인구가 사라지다시피 한 황폐한 공단에 대형 쇼핑몰을 짓겠다는 건 누가 봐도 무모한 도박에 가까웠다. 1990년대 말 구로공단 거리는 하루 10명도 채 지나다니지 않을 만큼 을씨년스러운 분위기였지만 홍 회장에게 구로공단은 '기회의 땅'으로 여겨졌다.

수많은 우려 속에 닻을 올린 대한민국 최초의 정통 패션 아울렛은 2001년 '마리오아울렛'이라는 이름으로 첫 포문을 열었다. 오픈 당시에는 가로등 같은 지역 기반 시설조차 갖춰지지 않아

마리오아울렛 야경.

서 해가 지면 마리오아울렛 건물 외관 조명만 거리를 비추는 풍
경이 연출되기도 했다.

　하지만 개관 이후 다양한 브랜드 상품을 이월 상품, 특가 상
품, 판매 부진 상품 등으로 구분해 정가 대비 상시 할인 가격으
로 판매하는 아울렛 제도가 입소문이 나면서 고객들로부터 큰
호응을 얻기 시작했다.

　유명 브랜드 상품을 백화점 대비 50~80% 저렴한 가격으로
판매해 소비자들로부터 폭발적인 반응을 받았다.

　마리오아울렛에 대한 인기는 외국인 관광객으로까지 이어졌
다. 값비싼 브랜드 상품을 저렴한 가격으로 살 수 있다는 점이

알려지면서 마리오아울렛은 외국인 관광객이 한국을 찾으면 한 번쯤 둘러봐야 할 쇼핑 명소로 자리 잡았다.

마리오아울렛 또한 외국인 관광객 소비자를 유치하기 위한 마케팅을 적극적으로 펼쳤다. 택스 리펀드, 통역 서비스 등 외국인 고객들이 누릴 수 있는 서비스와 결제 시스템을 구축했고 관광버스가 들어올 수 있도록 주차 공간도 확보했다.

불 꺼진 구로공단에 전에 없던 활기를 불러일으킨 마리오아울렛은 첫선을 보인 지 3년 만인 2004년에 2관을 오픈했다. 입점을 희망하는 브랜드가 많아진 데다 1관에서 선보이지 못했던 신규 카테고리를 들여오기 위해서였다. 기존 건물인 1관 일부는 아울렛 형태로 운영하고 바로 옆의 2관에서는 니트를 생산하고 본사 제품을 판매하기도 했다. 이어 마리오아울렛은 2012년에 3관까지 개점하면서 마리오 패션타운을 완성했다.

현재 마리오아울렛은 평일 10만 명 이상, 주말에는 20만 명 이상이 찾는 패션 메카로 성장했다. 그사이 마리오아울렛 인근에는 W몰과 현대아울렛, 롯데팩토리아울렛 등이 잇따라 진출하면서 연매출 1조 원 규모의 '가산 패션단지'를 형성했다. 내실을 다지며 꾸준히 성장한 마리오아울렛은 매출 규모가 오픈 첫 해에 비해 6배 이상 커지기도 했다.

## 대중교통으로 접근 가능한 국내 최대 도심형 아울렛

마리오아울렛을 말할 때는 '도심형 아울렛'이라는 수식어가 붙는다. 도시 외곽에 위치하는 전통적인 아울렛과는 달리 도심 속에 위치해 있기 때문이다.

마리오아울렛은 도심 한가운데 위치하기 때문에 대중교통으로의 접근성도 좋다. 시내버스로 찾기도 좋고, 하루 평균 12만 명의 수도권 시민이 이용하는 1·7호선 환승역인 가산디지털단지역(마리오아울렛역)에서는 3분 거리에 위치한다.

이동 수단으로 자동차만 가능한 도심 외곽의 아울렛과는 달리 '도심형 아울렛'은 버스나 지하철까지 다양한 수단이 있어서 접근성은 물론이고 방문자의 이동 비용까지 저렴하다는 장점을 지닌다.

마리오아울렛은 자동차를 통한 접근도 용이하다. 서울 서남부에 위치해 서해안 고속도로와 수도권 외곽순환도로로 바로 연결되고 남부순환도로, 시흥대로, 서부간선도로로도 바로 이어진다. 뿐만 아니라 마리오아울렛은 경부고속철도와 KTX 광명역과도 15분 거리에 위치해 있어 사통팔달의 중심지다.

또한 마리오아울렛이 위치한 G밸리(가산디지털단지·구로디지털

단지)는 서울 최대 산업 단지로 단지 자체가 시장 수요를 채워주기도 한다. 2020년도 통계 자료에 따르면 G밸리에는 1만 2,000여 개의 기업이 입주해 있으며 종사자는 16만여 명에 다다른다.

## 모두에게 합리적인 쇼핑 명소

소비자에게 마리오아울렛은 다양한 고급 브랜드 상품을 저렴하게 구매할 수 있다는 것이 가장 큰 매력이다. 특히 의류 공장에서 제작한 물품을 바로 판매하는 팩토리 아울렛 매장을 입점시켜 더욱 저렴한 가격을 제시한다. 현재 팩토리 아울렛 매장은 마리오아울렛 1관 5층부터 7층까지 밀집해 있다. 의류 제조 공장을 포함한 생산 시설과 판매를 바로 연결해 중간 과정에서 부풀어지는 유통가를 모두 뺀 셈이다.

이를 통해 마리오아울렛은 소비자에게는 국내외 유명 브랜드 상품을 저렴한 가격으로 구매할 수 있는 기회를 제공하고, 패션 의류 제조업체에는 안정적인 재고 상품 판매 장소를 제공함과 함께 재고 상품을 소진할 수 있게 해 현금 유동성 확보에 크게 기여하고 있다.

마리오아울렛은 합리적인 가격뿐 아니라 다양한 카테고리 상

마리오아울렛 3관 내부 모습.

품을 다룬다는 것도 장점이다. 1관부터 3관까지 있는 3개의 마리오관은 소비자가 원하는 상품을 쉽게 찾을 수 있도록 체계적으로 나뉘어 있다. 1관은 '패션 전문관'으로 여성 정장 및 여성 캐주얼, 남성 패션 브랜드, 핸드백, 구두 등을 판매한다. 2관은 '레저 전문관'으로 프리미엄 아웃도어, 국내외 스포츠, 골프웨어 브랜드 등으로 채워졌다. 3관은 '라이프 스타일몰'로 스트리트 패션, 아동 브랜드를 비롯해 대형 서점, 볼링장, 키즈 테마파크 등 여가 문화 시설까지 마련되어 있다.

또한 마리오아울렛은 1관부터 3관까지 3개의 건물이 서로 연결돼 밖으로 나가지 않고도 둘러볼 수 있도록 구조화했다. 현재

1관과 2관은 2층과 3층에 연결 브리지로 이어지고, 2관과 3관은 3층에 연결 브리지로 이어진다. 지하주차장 또한 1관과 2관은 지하 1층으로 합쳐지고, 2관과 3관은 지하 2층 주차장에서 연결된다.

## MZ세대까지 사로잡은 복합 문화 공간

마리오아울렛은 최근 대대적인 전관 리뉴얼을 통해 누구나 능동적으로 여가 생활을 즐길 수 있는 복합 체험형 콘텐츠와 일상 속 힐링을 가능하게 하는 문화 휴식 공간을 선보이며 본격적인 몰링 공간으로 진화했다.

콘텐츠 강화 전략으로 1관은 여성 및 남성 패션, 잡화 브랜드를 통합 배치하고, 2관은 스포츠, 아웃도어 브랜드 전문관으로 새단장하는 등 '관별 전문성'을 강화했다. 특히 3관은 라이프 스타일을 중심으로 구성해 명칭을 '마리오몰'로 변경했다.

마리오몰은 도심형 아웃렛 최초로 각 층이 유기적으로 연결된 스파이럴 몰링(나선형 구조) 개념을 구현했다. 층별로 고객의 이동 동선이 바로 경험과 여가 소비로 연결될 수 있도록 '복합 체험형' 콘텐츠를 대거 보강해 온종일 여가 문화를 영위할 수 있

마리오아울렛 1관과 2관 사이에 선 홍성열 마리오아울렛 회장.

는 '원 데이 스테이One Day Stay' 공간을 완성했다.

그중 마리오몰 지하 1층에 위치한 '노브랜드'는 신선식품과 간편식, 생활용품 등을 품질 대비 합리적인 가격에 선보인다. 해당 관 6층에 위치한 '영풍문고'는 도심 속 문화 휴식 공간을 테마로 과감하고 특색 있는 공간 디자인을 선보이며 최적화된 조도와 인테리어를 통해 아날로그적 여유를 제공한다. 마리오몰 11층에 위치한 게임장과 볼링장인 'G2존' 또한 마리오아울렛이 문화·엔터테인먼트를 즐길 수 있는 공간으로 거듭나는 데 일조했다. 이 밖에 마리오몰 7층의 키즈카페 '닥터밸런스'와 9층에 위치한 리빙 전문관 '모던하우스'가 고객의 발길을 끌고 있다.

여기에 그치지 않고 마리오아울렛은 가산·구로디지털단지(G밸리) 내 랜드마크로서 도심형 아울렛에서는 구현하기 힘든 복합 문화 공간 형태의 매장을 구성하고 있다. 수백 그루의 나무와 주상절리 등으로 구성된 실내외 가든, 닭과 토끼들이 함께하는 작은 동물원, 매장 내외부에 설치된 대형 조형물 등 온 가족이 즐길 수 있는 엔터테인먼트적 요소를 다양하게 구성해 큰 호응을 얻고 있다. 특히 마리오아울렛은 쇼핑몰 최초로 약 5만 년 전의 '카우리KAURI소나무'로 만든 테이블을 선보여 '도심 속 자연 공간'이라는 주제 아래 고객들에게 색다른 경험을 선사하고 있다. 마리오만의 특색 있는 '카우리 테이블'은 가로 12미터 규모로 쇼핑몰을 방문한 고객들의 쉼터이자 약속 장소로 자리매김하고 있다.

마리오아울렛의 콘텐츠 강화 전략은 2015년 경기도 연천에 위치한 체험형 에코 테마파크인 '허브빌리지'를 인수한 것과도 이어진다. 연천 허브빌리지는 약 1만 7,000평 규모로 된 가드닝 리조트로 초대형 실내 온실과 야외 가든을 비롯해 펜션, 바비큐장, 야외 수영장 등의 부대시설로 구성돼 있다. 기존 유통 시장에서 시도하지 않았던 자연이라는 새로운 테마와 가치를 활용해 다른 경쟁사와는 차별화된 서비스 제공을 지향하고 있다.

## 지역 사회와의 상생

마리오아울렛 3관 정문 앞에는 12미터에 달하는 거대한 굴뚝 모양의 조형물 3개가 우뚝 서 있다. 멀리서도 볼 수 있도록 3관 건물 옥상에도 대형 굴뚝 조형물이 설치돼 있고 건물 외벽에는 구로공단에 첫발을 내디디며 산업 발전을 이끌어왔던 옛 주역들의 회사 이름을 손 글씨로 새겨 넣었다. 해당 작품들은 과거 구로공단에 바치는 존경의 표시로 설치됐다.

마리오아울렛은 지역 주민들과 함께할 수 있는 사회 활동에도 적극적이다. 2012년부터 2관 4층에 '마리오아울렛 어린이집'을 운영하고 있다. 마리오아울렛은 직장 어린이집 의무 설치 기준에 해당하지 않지만, 자발적으로 지역 사회의 육아 부담을 덜

마리오아울렛 3관 앞에 서 있는 홍성열 마리오아울렛 회장.

어주기 위해 어린이집을 설치했다. '마리오아울렛 어린이집'은 지역 내 직장인들과 주민들도 모두 이용할 수 있다. 넓은 실내 공간 외에도 아이들이 즐겁게 뛰어놀 수 있도록 야외 테라스 놀이 시설을 구축해 최고 수준의 보육 환경을 제공하고 있다.

또한 마리오아울렛은 사회공헌 활동으로 많은 나눔을 실천했다. 대표적인 활동으로는 아울렛의 특성을 살려 진행한 '행복나눔 바자회'가 있다. '행복나눔 바자회' 수익금 일부를 농아인 협회를 통해 구로구, 금천구에 거주하는 농아인들에게 전달했다. 금천구에 거주하는 저소득층 주민들의 자립 기반 마련을 통해 금천구 '희망플러스 꿈나래통장사업'에도 참여했으며, 장애우를 후원하는 금천구 여성 합창단 '금나래합창단'의 정기 연주회를 지원하기도 했다.

이 밖에 어려운 이웃을 돕기 위해 대한적십자사에 후원금을 기부하고, 마리오아울렛 인근의 노인종합복지관과 복지협의체 등에 후원한 바 있다. 창의 인재 양성과 학비 지원을 위해 고려대학교와 서강대학교 등에 장학금을 선뜻 건네기도 했다.

# 세계를 품다 2021

**초판 1쇄** 2021년 6월 10일

**지은이** 글로벌 리더 선정자 15인
**출판 기획 및 엮은이** 서희철
**펴낸이** 서정희
**책임편집** 정혜재
**마케팅** 강윤현 이진희 장하라
**디자인** 제이알컴

**펴낸곳** 매경출판㈜
**등 록** 2003년 4월 24일(No. 2-3759)
**주 소** (04557) 서울시 중구 충무로 2 (필동1가) 매일경제 별관 2층 매경출판㈜
**홈페이지** www.mkbook.co.kr
**전 화** 02)2000-2641(기획편집) 02)2000-2636(마케팅) 02)2000-2606(구입 문의)
**팩 스** 02)2000-2609 **이메일** publish@mk.co.kr
**인쇄·제본** ㈜ M-print 031)8071-0961
**ISBN** 979-11-6484-289-6 (03320)